王广谦 ◎ 著

大学的理念与中财特色

中国金融出版社

责任编辑：亓　霞
责任校对：孙　蕊
责任印制：张也男

图书在版编目(CIP)数据

大学的理念与中财特色 / 王广谦著. —北京：中国金融出版社，2019.10

ISBN 978-7-5220-0297-2

Ⅰ.①大… Ⅱ.①王… Ⅲ.①高等学校 — 学校管理 — 中国 — 文集 Ⅳ.①G647-53

中国版本图书馆CIP数据核字 (2019) 第210794号

大学的理念与中财特色
Daxue de Linian yu Zhongcai Tese

出版
发行　中国金融出版社

社址　北京市丰台区益泽路2号
市场开发部　(010) 63266347，63805472，63439533 (传真)
网 上 书 店　http://www.chinafph.com
　　　　　　(010) 63286832，63365686 (传真)
读者服务部　(010) 66070833，62568380
邮编　100071
经销　新华书店
印刷　北京市松源印刷有限公司
尺寸　169毫米×239毫米
印张　17
字数　227千
版次　2019年10月第1版
印次　2019年10月第1次印刷
定价　50.00元
ISBN 978-7-5220-0297-2

如出现印装错误本社负责调换　联系电话 (010) 63263947

写在前面的话

今年是中华人民共和国成立 70 周年，中央人民政府在成立 36 天后直接创办的中央财经大学也迎来了她 70 周岁的生日。校庆筹委会约我就学校的历史发展、办学特色和个人感受写些东西，由于这方面的内容在我曾经的工作文稿中多有涉及，因此，最近一段时间，我整理了一下 2003—2017 年撰写和使用的相关教育文稿，包括在一些重要会议上的致辞、学术论坛上的演讲、发表的文章、记者访谈等，从中选取了能够从某个侧面反映"大学的理念和中财特色"的部分文稿。这些文稿也反映了这一期间学校领导、学院及研究机构、职能部门，以及全校师生和校友的思考和智慧，当然，不对的地方由我负责。

特别感谢林光彬教授和杨禹强博士，他们在文稿选取过程中提供了很好的建议，其中有些文稿在当初形成过程中也得到了他们的帮助。感谢张小燕处长和蔡彩时主任在"国际交流与合作"相关文稿中提供的帮助。感谢陈慧猛同志在文稿整理、核对过程中付出的辛劳。感谢中国金融出版社蒋万进社长的大力支持和亓霞主任的精心编辑。

谨以此集献给中央财经大学建校 70 周年！

王广谦

2019 年 9 月 8 日

目　录

历史特色与文化传承

中财的精神、理念与特色 / 3

关于学校办学定位和办学特色等若干问题的思考 / 17

"211 工程"建设开启发展新征程 / 33

国家"优势学科创新平台"增添新引擎 / 36

新校区建设奠定未来发展坚实基础 / 39

"两部一市"共建一流大学 / 41

骋望书海求真知 / 44

心系教育　期许未来 / 47

一代宗师　岱岳长青 / 49

光风霁月　大义清流 / 52

师表群伦　薪火相传 / 63

大美大爱　激励后人 / 66

尚有清风存世间 / 68

校友力量是母校发展的牢固基石 / 71

财经情　书之谊 / 74

架起金融文化传播的桥梁 / 79

学科发展及相关会议致辞

加强理论研究　为解决社会问题提供科学依据 / 87

财经类大学要有以数学为基础的高水平理学学科 / 89

为体育事业和经济社会协调发展提供高水平复合型人才支持 / 93

传统优势学科要在传承创新中实现新辉煌 / 96

高水平财经大学必须建设强大的理论经济学学科 / 99

为实现更高水平的财经法学教育而努力 / 102

为加快培养高水平国际经贸人才贡献中财力量 / 105

全球化背景下的经济社会发展需要建设更高水平的会计学科 / 107

财经媒体是经济社会健康发展的重要力量 / 109

学术组织要在建设高水平大学中发挥引领和保障作用 / 111

教师的师德风范影响学生一生 / 113

论坛演讲与文章选录

关于大学特色及特色形成的一些想法 / 119

多元化背景下的大学发展 / 122

关于创新与创新型人才培养的一些思考 / 128

在全球金融危机背景下重新审视大学的社会责任和未来发展的方向 / 136

关于中国财经高等教育发展的几点思考 / 141

两岸高校携手共创美好未来 / 145

以开放宽容的心态迎接全球化时代 / 148

大学是经济社会发展的重要推动力量 / 150

树立多元包容价值观和评价观的重要性 / 152

大学如何办出特色 / 154

关于办学定位和办学特色的四点思考 / 161

加快新兴交叉学科建设 / 167

优秀的创新人才有哪些特征 / 170

财经人才的需求走向与培养 / 172

关于提高中国财经人才培养质量的几点思考 / 175

高等教育发展要处理好几对关系 / 185

国际交流与教育合作

搭建中巴文化交流与教育合作的金桥 / 195

精诚合作培养高水平精算人才 / 197

持久的国际合作需要建立友好互信的伙伴关系 / 200

创业教育是全球高校必须重视的新课题 / 205

多方式合作结硕果 / 207

加强高水平财经教育的国际合作 / 210

传承真善美　释放正能量 / 212

记者访谈

为构建和谐社会输送复合型财经人才 / 217

创新教育需贯穿教育全过程 / 220

做历史车轮下担当责任的前行者 / 224

大学应怀兼济天下的责任感 / 230

中财：创新教育的典范 / 237

大学的理念与中财特色

比名次更重要的是内涵 / 243

政府管大事　高校办特色 / 246

高水平大学要承担更多国家和国际责任 / 251

附录

未来 / 261

历史特色与文化传承

中财的精神、理念与特色[1]

近四年的迎评工作取得了很大的成绩，全校师生认真按照"以评促建、以评促改、以评促管、评建结合、重在建设"的二十字方针，在教育改革、学风建设、管理水平、校园建设和教学基础设施建设等方面都取得了明显成效。同时，在这个过程中我们还做了几项重要工作：第一，对学校发展的历史进行了回顾和总结，对学校发展进行了比较清晰的历史分期；第二，对学校的定位和未来发展规划再次进行了明确；第三，对近60年办学历史中形成的中财精神、中财文化和中财特色进行了总结、梳理和提炼。在这些工作的基础上，形成了一份能够比较准确反映中财历史和现状的较高水平的自评报告。

在自评报告中，关于学校发展的数据、做法、例证和经验部分，写得比较具体。师资队伍、教学条件与利用、专业建设与教学改革、教学管理、教学效果等方面，都是客观描述，大家都比较熟悉了。

关于中财的办学历史，在报告中划分为五个时期。第一个时期从1949年建校到20世纪50年代末，这是初创时期。当时学校的任务是培训

---

[1] 林光彬根据作者2008年5月7日在迎评工作会议上的讲话整理，选自《文心》第3辑，王强主编，中国财政经济出版社2009年7月出版。

县级以上的财政税务和银行系统的干部，为全国财经院校培养师资，为少数民族地区和军队培养高级财经管理人才，这是50年代国家给学校的任务，也是学校的定位。其间，经过1952年全国院系调整，包括北京大学、清华大学、燕京大学、辅仁大学这四所大学财经系科当中的应用部分与中央财政学院合并，成立中央财经学院，奠定了中财未来发展的重要基础。第二个时期是单科性学院形成期，始于60年代，标志是1960年成立中央财政金融学院。那个时期的任务是重点发展学历教育，为国家经济建设培养高级财经管理人才，同时承担财经干部在职教育的重任。第三个时期是改革开放复校以后至1995年，当时的任务是迅速恢复原有的学科专业，并逐步扩展相应的财经管理专业，以国民教育为主，兼顾干部教育，为财政金融等经济系统培养高级管理人才。第四个时期是向多科性大学转型期，标志性事件是1996年学校更名为中央财经大学。主要任务是进行学科和专业的调整，由单科性学校向多科性学校转变。在学校发展的关键时期，我们之所以更名为中央财经大学，就是想从单科性大学向多科性大学转变，奠定学科快速发展的基础。第五个时期是2000年划归教育部以后，标志性事件就是学校转制，进入"211工程"国家重点建设大学行列，成为高等教育的国家队，学校的目标是建设高水平的大学。

关于学校定位和未来发展规划，自评报告进行了再次明确，包括类型定位、学科定位、办学层次定位、人才培养目标定位、服务面向定位。类型定位，目标是建成研究型大学，成为社会精英人才的培养基地，研究重大经济社会与实际问题的科研基地，为国家经济社会决策提供智力支持的思想库。学科定位，我们现在是以经济学、管理学为主体，以法学、工学、理学、文学等多学科为支撑。未来的发展目标是经、管、法为主，文学、哲学、历史学、教育学及理学和工学多学科协调发展。层次定位，以本科生教育为基础，研究生教育为重点，研究生教育为重点是建立在本科教育的基础上。同时，实施高等教育大众化背景下的精英教育，广泛开展高端继续教育，相机发展多种形式办学。人才培养目标定位，使学生能够适应国家经济与社会发展的需要，成为富有高度的历史使命感和社会责任感，具有深厚理论功底，精湛专业能力，良好综合素质、优秀人格品质和国际视野的创新型精英人才。服务面向定位就是立足北京、面向全国、放眼世界，为国家经济社会发展服务，为人类进步作出贡献。在定位的基础上，还明确了"三步走"的发展规划。

关于上述内容，全校师生意见比较统一，自评报告写得也比较详细。而关于中财精神、中财文化和中财特色方面的概括，目前讨论仍然不够充分，由于时间关系，现在的表述还是初步的。评估以后大家还要继续讨论。到2009年60年校庆时，争取提炼得更好一些。

为什么讨论中财的精神、中财的文化和中财的特色？有好多原因。第一个原因，1998年江泽民同志在北大一百年校庆时提出"建设一批高水平大学"的目标之后，国内高等教育界关于大学精神、办学理念的讨论形成了一个高潮，这既与思考"办一所什么样的大学""怎样办好这样一所大学"的命题相关，也与许多人认为中国大学存在大学精神缺失的现状相关。第二个原因，这些年来，在师生当中，对校训问题展开了争论。提出了是否应该对校训八个字进行调整的问题，也给我写过不少信件和建议。2004年，学校有一个关于校训文化的党建课题，课题组由2003级保险专业徐涟漪等七名同学组成，做了一个很详细的课题报告。第三个原因，就是这次评估需要对本科指导思想、文化方面做总结。基于这三个原因，近两三年我们学校在不同范围、不同层次的大小会议上，对大学精神和办学理念进行过多次的讨论。自评报告的概括与表述便是在这些讨论的基础上形成的。

一所大学的精神、文化、特色虽然与举办者的意志和信念相关，但总体上是由大学的历史积淀形成的。那么，大学的精神、文化、特色有没有统一的定义和公认的范畴界定呢？应该说，还没有一个统一的定义，也没有一个公认的范畴界定。

早期学者们研究大学精神，主要包括办学理念和大学使命，以及在办学理念下学校具体的办学方式，如学术自由、通才教育、学生自治、教授治校等，这些属于精神文化的范畴。此次本科评估指标体系中相关的提法包括办学指导思想、学校定位、办学思路、教育思想观念、教学中心地位、教师风范、学习风气等。

在本科教学工作预评估反馈意见大会上，中国政法大学的石亚军教授用了六个词——"使命、传统、精神、理念、成果、特色"来概括大学文化。他说，一所大学的使命履行和贡献形成了这所大学的传统，传统的凝练铸就了大学的精神，大学精神具体化为目标形成理念，理念的实践形成办学成果，办学成果体现为大学的特色，特色又呼应大学的使命。

在近几年高等教育的讨论当中，关于大学精神、理念、文化方面至少形成了十几个相关的概念，如办学指导思想、办学宗旨、办学任务、办学目标、办学理念、教育思想观念、办学使命、办学思路、大学精神、校训、校风、学风、教风、传统、师德精神、师德风范等。到了具体方面，又有许多概念，如本科办学指导思想、本科人才培养目标、本科办学理念等。这些相关的概念其实都是相互关联的，很多是重叠的，都是从不同角度说同一个问题，或者用不同的方式、从不同的视角来评价一所大学的特质。

在西方高水平大学中，这些概念并不是同时出现在一个文本当中，而往往是同一个提法，既是校训，也是理念，也是指导思想，也是精神，也是传统，有时候表现为宗旨，有时候表现为目标，有时候表现为传统。例如，美国许多大学提出把"适应社会需求，毕业生能够顺利找到工作"作为办学宗旨，如美国西北大学凯洛格商学院提出"要使学生成为更出色的管理人员，做起事来更有效率"。日本一桥大学提出"让学生掌握终身受益的原理性知识和处理技术问题的能力"，这成为它的精神和传统。MIT创始人有句名言，"要使学校为实业服务，有用的工作就有崇高的尊严"，这是校训，也是精神，也是传统。一个概念，一句话，用于多方面，这是西方普遍的做法。耶鲁大学说"以真理为友"，斯坦福大学说"让自由的空气漫布校园",哈佛大学说"为增长才干走进来,为服务社会走出去",这些表述其实就一个核心。并不像我们那样,把十几个概念同时出现在一个报告或文本当中,还要表述不同的内涵,这就大大增强了难度,这跟西方是不一样的地方。

我们为什么会出现这么多的概念呢?我想,一是可能与我们中国人的思维有关,二是与中西文化交融当中对西方词汇的理解差异有关。有些概念在西方是一个词,而到中文里可能就变成许多词。客观上,中西词汇很多难以准确地一一对应。例如,英文"Economic system"翻译成中文就有经济制度、经济体制、经济机制、经济系统等多个意思,财政、金融、财务在英文中都是"Finance",等等。

关于大学文化的一系列概念中,我认为"办学理念"和"大学精神"可能是最为重要的。为了梳理我们的办学理念和总结提炼我们的大学精神,我们先看一下近代大学的发展之路,看一下办学理念和大学精神最基本的内涵是什么。

西方早期的大学基本上都是由教会举办的,主要研究神学和哲学,为教会培养神职人员。近代大学在独立于教会之后,成了学术自治的机构,从事学术研究和知识传授。在学术研究和人的培养方面,毕业于牛津大学的红衣主教约翰·亨利·纽曼更加侧重于人的培养,在学术研究方面侧重于保护,他在1852年所著的《大学的理念》中提到,大学乃是"一切知识和科学、事实和原理、探索和发明、实验和思索的高级保护力量",大学是"训练和培养人的智慧的机构,大学讲授的知识不应该是对具体事实的获得或者实际操作技能的发展,而是一种状态或理性(心灵)的训练"。那个时候能读大学的是极少数的精英分子,所谓"不应该……的训练"指应由大学之外的机构完成。

德国著名学者、教育改革家威廉·冯·洪堡创立的柏林大学,发展了大学的研究功能。他认为大学应该是研究高深学问的机构,不光是保护的机构,还应该是研究创新的机构,是科学与学术的中心。他奠定了学术自由的价值观。纽曼和洪堡都强调大学对于道德规范的作用。纽曼认为，大学应该培养人的智慧和道德；洪堡认为大学的真正成绩应该在于"它使学生有可能在一生当中，有一段时间献身于他个人道德和思想上的完善"，大学应该在区分善恶、建立信念、认识真理等方面成为"社会的良知"。我们经常讲，知识分子要成为社会良知的守望者。如果知识分子这个群体在一个社会当中、在一个民族当中，都不能坚守社会良知的话，这个社会、这个民族肯定不会向上、向前。

德国大学的模式与美国实用主义结合，由"赠地学院"发展出来的"威斯康星大学模式"，使大学活动扩展到校园外，社会服务成为大学的三大功能之一，大学成为社会进步发展和社区发展的服务站，社会的知识工厂和思想库，社会和科技进步的推进器。于是，我们现在说大学的功能是三项——人才培养、学术研究和社会服务，三者之间有一个历史的发展顺序。从此，大学便走出象牙塔，走向了社会的中心。同时，大学的发展在人文主义与科学主义、理性主义与功利主义两种倾向之间不时产生着争论。美国著名教育学家杜威则把两者结合起来，认为"个人一切能力的全面发展"和"社会的效率"是教育的两个同样重要的理想。

总体来看，关于大学理念、使命、功能等方面的讨论大致集中在三个方面：

第一，大学的三大功能——人才培养、学术研究和社会服务，三者之间的平衡与协调如何把握问题。第二，大学办学中学术自由和独立与政府和社会力量的制约平衡问题。独立到什么程度？要不要政府干预？美国大学的董事会、投资人同样对大学治理进行干预。因此，大学一方面强调要独立、要自治、要自由，另一方面不得不根据举办者或董事会的意志办学。第三，在人的培养和训练中的两大关系如何协调的问题，一是培养智慧和完善道德思想与培养能力和训练技能的关系，二是通才培养与专才培养的关系。

中国近代大学是向西方学习的产物。清末和民国初期是学欧美和日本，"五四"后主要学美国，20世纪50年代开始学苏联，改革开放后再转向学美欧。

历史特色与文化传承 ●●●

从大学发展看，中国百年前产生的一批大学起点并不低。起点不低是蔡元培说的，20世纪二三十年代还创造了一段辉煌。1912年，作为民国第一任教育总长的蔡元培制定了《大学令》，确立了大学"教授高深学术"的宗旨，作了学和术的分离，确立了大学以文理两科为主的综合性及教授治校制度，这个是受西方传统理念的影响。他当北大校长十年（1917—1926年），期间奠定了北大"兼容并蓄、学术独立、思想自由"的精神。同期，许多现在的著名大学也得到很快的发展。

但是总体来看，中国大学最初是在洋务运动推动下学习西方起步的，政府在其中一直发挥着重要作用，这与西方有很大的不同。而中国历史上的科举制度、书院制度与现代大学的传承关系也不紧密。蔡元培先生曾经说，古代中国只有一种教育形式，"数百年来，教育的目的只有一项，即对人们进行实践能力的训练，使他们能承担政府所需的工作"。因此，中国现代大学的建立，从传统上看，一是政府参与深，许多大学是由政府直接举办，或在政府推动下建立。二是实用性。实用性既有来自历史上科举选人制度的影响，更重要的是当时形势的需要。20世纪初，一方面，发展落后的中国需要实用性、技术性方面的教育；另一方面，反抗外来压迫、抗日救亡等，也需要实用性的教育和爱国教育。所以，虽然中国大学学习西方、模仿西方，但在处理学术研究、人才培养和社会服务三种关系中还是充满着矛盾。而结果便是三种关系的平衡，即学术研究、人才培养与社会服务及改造社会皆内含其中，学术自由与政府约束均在其中，培养智慧与实践能力提升并重，通才与专才并重，有一段时间特别强调专才。事实上每个大学办学过程当中，不是按书本来办学，而是按现实来办学，根据具体的情况来发展。所以，从历史上看，大学精神有世界范围的共性，也有各国的特性。

中华人民共和国成立以后，我们曾经强调教育为无产阶级政治服务，与劳动生产相结合。改革开放后，《高等教育法》第四条是这样表述的，高等教育必须贯彻国家教育方针，为社会主义现代化建设服务，与生产劳动相结合，使受教育者成为德智体等全面发展的社会主义事业的

9

建设者和接班人。进入21世纪，高等教育的任务突出表现在培养创新精神和实践能力的高级专门人才，发展科学技术文化，促进社会主义现代化建设。这样看来，从西方大学历史发展，到中国近代大学产生，到我们现在的表述，关于大学精神、大学文化、大学特色，有一个不断发展变化的过程。

在回顾了大学发展史和关于大学精神的讨论后，我们可以得出四点基本结论：

第一，关于大学精神的讨论和争论在很大程度上是在大学教育并不普及的基础上进行的。不管是西方还是东方，早期能上大学的只是极少部分人，也就是精英教育下如何办好大学，大家有意无意这么理解。现在，不但西方发达国家高等教育已很发达，中国也已进入高等教育大众化阶段。美国有4000多所大学，能够授予博士学位的只有250多所，这其中又只有一半可授予多科性的学位，中国大学也有2000多所。毕竟大学变多了，近代的大学和现代的大学能是一个概念吗？显然不是。所以，在这种情况下，讨论大学精神，包括办学理念、人才培养自然应该分层次，不能只抽象地研究统一的大学精神，不同层次的大学应该有不同的定位、不同的理念和不同的精神。

第二，大学精神有世界范围的共性，也有各个国家的特殊性。这是由社会制度与历史文化决定的。

第三，大学精神都是随时代发展不断演变的，大学精神既是时代赋予的，也反映了时代的发展。

第四，大学精神是对大学历史发展积淀文化的抽象概括，它的内涵是丰富的，但并不容易用语言概括全面。

2008年是北大建校110周年，3天前（5月4日）新京报第16版的纪念特刊，关于"北大精神"有同学问许智宏校长，北大精神到底是什么？许校长说："尽管我在北大当校长快8年了，但我也很难用一句话两句话来回答，也只能自己去体会，实际上，爱国、民主、进步、科学这8个字也很难全面地概括北大精神的内涵。但是从一些老前辈的身上，我们可以看出北大的精神究竟是什么。"他举了蔡元培的例子、鲁迅的例子、马寅初的例子，希望同学们从不同侧面来体会北大的精神。大家会说，为什么不能组织几个词、几句话概括呢？因为精神层面的东西很难用一个词或几个词来概括。

那么，就中财来说，在办学理念和大学精神方面，应该如何总结，如何发扬光大？

首先，中财在高等教育大众化背景下，还是应该明确为以精英教育为主。为什么？理由有二，一是学校的定位。我们是国家举办的大学，中央部委所属110所之一、教育部直属72所之一、"211工程"107所之一，我们还是五个国家优势学科创新平台之一，我们的目标也是建设高水平大学。在办学历史上，学校成立的时候就是培养县级以上干部的，要改造社会、建设国家，要做奉献的，要承担责任的。国家已经给了中财一个定位、一个任务。在大学里，北大、清华走在前面，中财也应该是第一梯队里的，我们必须定位为精英教育。二是考生来源，我们大致居全国高校前15名。现在我国每年入学儿童大致在2400万人，基本上都能接受完初中教育，初中升高中的时候，大致1600万人进入高中阶段学习，一半上高中，一半上中专。在800万高中生当中，有600万人可以上大学本专科，已经比较普及了。可是我们要知道，中财在全国招生的分数线在全国中居于第15位左右，也就是说，我们录取的学生是全国800万高中生中的前5万名内。2000多万青年人中选5万人，这不是精英吗？我们要梳理我们的思路，要通过国际化发展战略和高等教育大众化背景下的精英教育，使中财办成多科性研究型大学和国际名校，这是我们应承担的责任。

关于使命。我们把使命表述为"成为推动和引领经济社会向前向上发展的力量"。理由有三：精英教育、学生质量、国家要求。学生毕业之后，在生活当中应该成为引领这个社会向前向上发展的好的力量。鲁迅评北大时讲过，北大是常为新的，是改进运动的先锋，要使中国向着好的往上的道路走。中国这么大，在迅速国际化和现代化，已成为国际上有重要影响的国家，引领中国向前向上发展不能光靠北大，必须有相当一批学校，我们应该和北大一样承担这种责任。因此，我们也应该成为向前向上引领经济社会发展的力量。

毛主席讲过，历史车轮滚滚向前，我们是在前面拉车还是在旁边袖手旁观，还是拉倒车。现在中国正处于变革时期，从中国自己来看，迅速发展，迅速攀升，2008年将成为第三经济大国，再过几年就很可能成为第二经济大国，二十年后也可能会成为最大的经济体。这种进步是在改革开放下实现的，我们还要继续改革开放。2008年是改革开放30周年，纪念总结的主要内容还是继续解放思想，继续深化改革。而世界呢？正在全球化。这说明什么呢？在社会大变革的时候，在历史车轮滚滚向前发展的时期，我们应该承担什么责任？袖手旁观，没有作贡献。如果拉倒车，就很麻烦了。要向前向上走，要朝着正确的方向，要成为正面的力量，这就是正确的道路。在西学东渐时期，要把握住未来的发展方向，大学很重要。所以，我们说中财的使命是成为推动和引领经济社会向前向上发展的力量。

关于办学理念。要不辱使命，成为向前向上的引领力量，如何办学呢？在办学理念上，目前表述为"求真求是、追求卓越"。我们要成为这种力量，首先我们要有追求。古今中外都追求真善美。最重要一点不光是真善美，还有实事求是，就是五个字"真、善、美、实、是"。仔细研究一下这五个字，我认为首先是求"真"，认识客观世界和主观世界，有科学性在里面。紧接着是求"是"，有规律性、发展性、选择性、合理性在里面。再往下说，"实"也很重要，"善""美"都很重要。仔细研究，前面可能包含后面字的全部或部分，而后面不能包含前面。没有"真""是"作为基础，如何做到"实"，光想追求"善"，追求不来。没有"真""是"，就不可能追求"美"。所以我把"真""是"放在前面。有"真""是"，客观上就有"实""美""善"的部分在里面。当然，5个字都用更全面。再一个追求卓越，尽量做得好。这样才能使得我们师生在追求"真"、追求"是"的过程中积聚力量引领社会发展。表述也还有

历史特色与文化传承 ●●●

其他方法，我们暂时用这个。

关于中财精神。我们把中财的精神概括为"担当责任、勇往直前"。一是因为从政府举办的目的来看，我们几次任务调整，政府都给学校赋予了很重要的国家社会发展的任务。从60年发展来看，我们也做到了这一点，培养了一大批精英和担纲扛鼎的领导者。是不是社会向前向上发展的力量？是不是担当责任、勇往直前？都能看出来。二是50周年校庆的时候，校友戴凤举先生鼎力支持，韩美林大师给我们设计了校园主体雕塑，并题写了"吞吐大荒"四字。陈明同志说，当年他陪柯敬校长去探望韩美林，韩先生对雕塑的解释是"担当宇宙，再造乾坤"。柯敬校长和陈明同志觉得用"龙马担乾坤"更含蓄一些。"吞吐大荒"四字，王强同志引经据典，写了一段解释文字，很优美地表达出来。吞吐大荒和龙马担乾坤还是不直白，我认为，可以进一步解释为"担当责任、勇往直前"的精神。有人说龙马不是一回事、不是一个概念，但我们就是讲精神，是抽象的。"龙是向上的，马是向前的"，有力量，能跑起来飞起来。暂时咱们用它来答卷，写入了自评报告。

关于学风。我们表述为"勤奋严谨、乐观向上"。我们要做到求真求是，追求真理，认识世界，引领发展，要达到这个目标，作为学生应该勤奋、严谨。因为求真不易，求是也不易，都需要"求"。求是很不容易的，要"求"就必须勤奋，要不然求不来。要勤奋严谨，才能有所收获。同时，在追求和生活中，还要乐观向上。说"乐观向上"有两层考虑，一是现实的需要，现在是社会大变革时期，很多人对价值观、追求、信念、理想产生了困惑，苦恼甚多，忧虑甚多。老一代人理想信念坚定，生活乐观豁达。姜维壮先生给我们学生讲过多次，大家都很受益。现在社会变化快，虽然经济增长令人鼓舞，但社会矛盾却很突出，一些青年学子是惶惑的。这可以从不少人存在心理问题、甚至走极端的现象看出来。古往今来，少有青春年华时代走绝路的。古代婴儿夭折很多，因为医学不发达，谁都渴望长大、成人。什么原因使这些年轻学子走极端呢？就是精神问题。我特别感谢咱们的心理咨询中心，做了功德

13

无量的事情，做得相当好。所以，我们赋予学生这么大职责，要求真、要求是、要勤奋、要严谨、要担责任、要勇往直前，这时同样重要甚至更重要的是，要培养他们具有一种精神，就是乐观向上。再一层便是提示作用。比如我想到抗大的"团结、紧张、严肃、活泼"，全国各地来的学生要团结起来、紧张起来，要严肃地好好做事，还要轻松活泼。我还想到部队大门口，左边是"提高警惕"，右边是"保卫祖国"，时时刻刻提醒军人的责任和警觉性。犯人到监狱里去，一边是"坦白从宽"，一边是"抗拒从严"，犯人就不敢放肆，提醒犯人要认真反省，好好接受改造，重新做人。因此，不同的部门、单位，有一两个提示语是有益的。学生在学校，看到"勤奋严谨、乐观向上"，感觉应该是正面的。有些学生从条件差的家乡走出来，担负着家乡几辈人的希望，高兴的同时也会有压力，光担责任，光求真求是还不够，还要乐观向上。当遇到困难的时候，看到乐观向上，会想到一切都会好起来的。

关于校训。现在用的是"忠诚、团结、求实、创新"。不少同学都主张把校训改一下，但能否找出更好的来？这需要时间，需要大家的智慧。这次评估当中，对中财来说，已深入人心的、最为熟悉的、能记住的就是这几个词。另外我刚才说了，在西方国家，校训既是传统，又是精神，这是我们前辈总结的经验。"忠诚"一词有十分丰富的内涵，忠诚于国家、民族、社会，忠诚于爱情、家庭、自己。现在，忠诚于爱情都很困难，忠诚于家庭都很困难，连忠诚于自己都很困难。季羡林大师反对讲假话，即使真话不能全讲，也不能讲假话，他说"真话不全说，但假话全不说"。谁能做到说出来的都是真话，这是不是对每个人的挑战？所以，忠诚于自己都很难。忠诚很重要，"团结"同样重要，不光过去现在讲团结重要，未来社会发展同样需要讲团结。中国历史上共产党把中国人民团结起来，才取得现在的成果。求实、创新，大家没有异议。这八个字不差，很好，要从多层面去理解。在没有提炼出全校师生都公认的、更好的校训之前，不应轻易改，至少我当校长期间我不改，除非大家意见完全统一了。

关于教风。一般讲，传道、授业、解惑，教学生首先是教学相长。现在不是简单的"传"的问题。"传"哪个"道"？是不是符合向前向上发展的力量？"授"的"业"是不是具有创新精神和实践能力的"业"？儒家文化当中讲"师徒如父子""一日为师，终身为父"。现在社会迅速发展，知识不断更新，在这种情况下，师生的关系发生了很大的变化。我提醒大家，我们当老师的在很多方面可能不如咱们的学生，老师一定要有这个意识。我们信息来源、知识结构、创新思维很多不如学生。如果不能在思想上、方法上，在信念上、在判断上给予学生启迪，老师的价值确实得打一个问号。陶行知说过，"千教万教教人求真，千学万学学做真人"。

总体来看，这次自评报告写了几个概念，校训是一直用的八个字，理念是"求真求是、追求卓越"，精神是"担当责任、勇往直前"，学风是"勤奋严谨、乐观向上"。另外一些有关文化方面的内容体现在文字中，没出概念，以后讨论比较一致时再说。还是那句话，这几个概念表述得也不一定准确，更不用说在大学精神和文化方面的提炼本不该有众多的概念。评估之后，我们再进一步地讨论。

最后一个问题是办学特色。办学特色很难总结，我们现在概括了两条。第一，人才的特色。我们秉承"求真求是、追求卓越"的办学理念，构筑了走"有特色、多科性、国际化、研究型"之路，贴近现实，面向前沿，培养一大批具有时代气象、推动经济社会向前向上发展的建设者和领导者"。这句话凝聚了学校师生员工的集体智慧和心血。"贴近现实、面向前沿"是石亚军教授的话，"时代气象"是王强教授的话。第二，我们怎么培养，即人才培养的特色。我们贯彻"强基固本，学以致用"的育人理念，依托多维优质教育平台，培养五种能力，构建了"能够铸就求真务实品质和激发创新精神"的人才培养模式。这句话也是集体智慧。"多维优质教育平台"也是王强同志的概括，"六大平台"不如用"多维优质教育平台"，这个词用得很好。这两个特色后面都列了若干条加以支撑。这些提法都是相当不错的，都是经过认真推敲的。我们培养的人才能够具有科学完整的知识架构，具有先进正确的思想方法，能够具有五种能力，能够具有良好的素质和优秀的品质，还能够扩展国际视野，能够在东西方两个文化平台上自由转换，能够着眼于中国社会未来发展以及未来全球化趋势，能够担当国家发展的责任、社会发展的责任，能够从小事做起，能够仰望未来，那么，我们就履行了使命。中财这个理念能够通过各个方面体现出来，经过若干年的努力，会使这个特色更加鲜明起来。

我们费这么多时间梳理文化传统，为什么？目的还是想形成中财的向心力，使中财文化具有新的号召力。不管怎么表述，内涵是丰富的。因此，我们老师一定要走在前面勇担责任，因为我们面对的是最优秀的学生，国家给了我们很崇高的历史使命。学生要通过我们这儿的教育，实现他的理想抱负，为整个中华民族的振兴，为人类社会的进步贡献力量。

自评报告是在全校师生讨论的基础上形成的，关于精神、文化、特色方面的概括也是广大师生的智慧，是学校老领导、现任领导和全校师生共同的智慧结晶，我们应该向参与自评报告写作的同志们尤其是评建办的同志，表示感谢。

历史特色与文化传承 ●●●

关于学校办学定位和办学特色等若干问题的思考 ①

按照学校《深入学习实践科学发展观实施方案》的要求，党委书记和校长都要做一次学习报告。4月16日下午，胡树祥书记已经做过了，报告内容丰富、深刻，给人很多启发。

我谈什么内容呢？胡书记、海东、叶飞等同志希望我就学校的办学定位与办学特色谈一谈。这方面的内容，近几年学校在不同范围内讨论过，前些天党委理论学习中心组学习时又深入讨论过一次，我也曾经在不同的场合谈过一些看法。由于这个问题很重要，大家还是希望我再汇报一次。

办学定位和办学特色对于一所大学来说确实很重要。最近十几年来，国家领导人及教育部有关领导反复强调，高等学校要思考两个问题，即"办一个什么样的大学，怎样办好这样的大学"。这是在进入21世纪之前提出来的，到现在已经有十多年的时间了。

关于中央财经大学的办学定位，也就是学校的办学目标，目前我们表述为"建设一所有特色、多科性、国际化的研究型大学"，胡书

---

① 林光彬根据作者 2009 年 4 月 28 日在全校学习科学发展观专题报告会上的讲话整理成文，选自《文心》第 4 辑，王强主编，中国财政经济出版社 2009 年 10 月出版。

17

记还提出要加上"高水平"。这里有四个关键词：有特色、多科性、国际化、研究型。

关于这一办学目标的表述，第一次正式讨论是2004年7月在辽宁兴城李保仁书记主持的第109次常委会上。2005年底，学校召开第四届党代会的时候大家又进行了讨论，觉得可以用这个表述，于是就写入了党代会的报告。2008年本科教学工作水平评估时，它又被第三次提出来讨论，大家认识基本一致。目前，就学校发展来看，我认为提这四个词是可以的，至少可以作为目标，作为努力的方向。以后怎样表述呢？这要看学校未来的发展。

办学定位和办学目标在国外大学是怎样表述的？我曾经查过，许多国外大学都没有这种定性的表述。看国外著名大学的介绍，大都是学校坐落在什么位置，什么时候创建的，有哪些学院和系科，有哪些发明和贡献，有哪些名教授，有哪些名校友，学校的理念和精神及历史形成的传统和校风，等等。剑桥大学有八百年历史了，哈佛大学也有三百多年的历史了，许多著名大学时间都很长，已形成了相对固定的传统和风格。到这些大学里学习的人，都是很虔诚地来求知，在科学与人文精神浓郁的学术殿堂里接受熏陶、获取知识；在这里的教师们，也是很认可和欣赏学校的理念与传统、风格与氛围，在这里做研究，并把知识贡献给学生和社会，师生共同融入大学之中。因此，这些历史悠久的著名大学并不经常讨论办学定位与办学目标。当然，这些大学在一些具体问题上也还是讨论不断，其中也包括一些大的问题，如发展、创新、转型等，否则就不能保持传统和优势，更不可能引领未来。与这些大学相比，中国的大学有很大不同。中国最早的大学才一百多年的历史，前五十年又是一直在社会动荡中发展。中国目前的大学基本上都是中华人民共和国成立以后，特别是改革开放以来快速发展起来的，时间非常短。面对全球化进程的加速和中国国际影响力的增强，对中国大学来说，深入思考"办一个什么样的大学，怎么办好这样的大学"就是一个非常重要的问题。对我们中央财经大学来说也是如此。

一、关于多学科的思考

首先，谈谈学科。多学科是指学校发展的学科定位。学科是对知识体系的划分，是相对独立的知识集合，这是学科的界定。教育部目前的文件中对学科的分类分为几个层次。第一个层次，学科门类是对具有一定关联学科的归类，目前划分为11个门类（不含军事学），即哲学、经济学、法学、教育学、文学、历史学、理学、工学、农学、医学、管理学；第二个层次，一级学科是具有共同理论基础或研究领域相对一致的学科集合；第三个层次，二级学科是组成一级学科的基本单元。从人类知识体系来看，这十几个学科门类可归为人文科学、社会科学和自然科学三大类，有的人认为人文科学跟社会科学更近一点，也可以分为人文社会科学和自然科学两大类。在教育部划分的11个学科门类中，自然科学包括理、工、农、医四个门类，文、史、哲算人文学科，社会科学包括经、管、法和教育学。我们学校原来主要是经济学和管理学两大门类，20世纪90年代中期扩展到法学和文学。近些年又扩展到工学、理学、哲学和教育学。虽然学科门类扩展了，但也只是办了这个门类下其中一个或两个二级学科，学科基础还很弱。那么，我们未来应该重点发展哪几个学科门类和哪些一级学科，怎样突出传统优势学科的特色，怎样支持新办学科和新兴交叉学科的快速发展，这些都是需要深入讨论和思考的。

其次，说说学科与大学。先说综合与非综合。一般来说，学科比较齐全就是综合性大学，学科比较少的就是非综合性的大学。查西方大学网站，有一些大学在介绍中能够体现出综合性，或直接表述为综合性大学，或称"能够提供多学科课程的综合性大学"。一般情况下，"××大学"大都是综合性的大学。综合性大学的校名，要么以所在地、城市名、区域名命名，要么以创办人或对学校有重大贡献的人的名字命名。英国的剑桥大学、美国的普林斯顿大学、日本的早稻田大学等，就是以所在地命名。而哈佛、耶鲁、斯坦福等都是学校的创始人或对学校有重大贡献的人。非综合性大学在介绍中一般都说"以××学科为主的大学"，学校的校名一般都标注它的学科特征，如麻省理工学院、加州理工大学都标注了理工，英国帝国理工学院也标出来了。还有一些体育艺术学院，校名中也体现出来了。我们中央财经大学的校名也体现了财经特色。大致看来，校名里没有学科标注的，一般都是综合性大学，带有学科标注的基本上就是非综合性大学。其实这种划分方法也不准确，有些校名中带有某某学科的大学实际上也已发展成综合性大学了，校名中学科之外的学科实力还很强，许多学科居世界领先水平，如麻省理工就是这样。而有些校名不带学科的所谓综合性大学，其实学科并不多。目前，国内大学的分类比较细，教育部统计分为综合、理工、农林、医学、师范、民族、财经、政法、体育、艺术等，也有学者使用"综合性""多科性""单科性"的提法。

再说文科与理科的重要性。所有学科当中，文科和理科是高水平大学办学最重要的基础。文科主要是指人文学科，理科主要是指自然科学。提高人文素养和自然科学素养，必须有文科和理科。综合性大学无一例外，都有很强的文科和理科，以此支撑其他学科的发展。非综合性大学学科相对少一点，但是绝大部分文理科都有，个别的例外就是艺术和体育高校。世界各国的大学基本如此，这说明办一所大学文科和理科的重要性。我国大学制度是从西方引进来的，1904年清政府颁布的《奏定学堂章程》，将大学堂的学科划分为八科，第一个是经学，其实就是哲学，第二个是法科，第三个是文学，第四个是格致，就是理科，还有医科、农科、工科和商科。1912年民国政府教育部颁布了《大学令》，将经学和文学合并为文科，将格致明确为理科，成七科，即文科、理科、工科、法科、商科、农科和医科。那时的理念是，办大学应该至少有三科，文科、理科再加一科，七科当中办三科但必须得有文理两科。20世纪50年代后，随着大规模经济建设的开始，大学院系调整时在保留少数综合性大学的同时，建立了一大批行业性大学，这些行业性大学的学科应用性都很强，为国家经济建设和社会发展作出了重要贡献。世纪之交，随着中国新经济体制的确立和"建设一批高水平大学"的提出，以及全球化进程的加快，许多高水平的行业性大学开始对文理学科高度关注。

关于我校的学科发展与规划。高水平大学必须要有一定的优势学科和基础学科相支撑。学科太少，支撑力就会弱。综合性大学学科实力都很强，学科之间有很强的相互支撑。非综合性大学学科相对少一些，但是它最突出的学科还是有相近学科支撑的。我国现在有"综合性""多科性""单科性"大学的说法，还有"研究型""研究教学型""教学研究型""教学型"大学的讨论。从学科来说，我们中央财经大学应该怎样发展呢？我的看法是：

第一，学科还是要适当扩展，特别是要办好已办学科。办成多科性大学是相对于原来中央财政金融学院时期只有财政税务、金融保险、会计等几个传统优势学科来说的。这些学科虽然在国内排在前列，但根据大学的发展规律和全球化的竞争形势，如果没有其他学科的支撑，要保持这些学科的优势并不容易。我们要增强这些学科的竞争力，必须要有浓厚的文理氛围。因为好的大学必须有好的文科和理科，学生才能有很好的人文素养和科学素养。优秀的学子在这里边经过几年的求知，出去以后就不一样了，变成一个有知识、高素养的人，然后去影响社会，未来社会才会更好。因此，要办高水平大学光有经济学科和管理学科还是有困难。经济、管理学科的属性决定其不具备独立办高水平大学的基础。因为经济、管理学科需要其他门类学科的支撑，这与艺术、体育类大学有很大不同。好的综合性大学做经济、管理学科比单科性大学还有优势。研究社会科学、经济管理，没有自然科学的支撑、没有人文学科的感知是不可能办好的。就是办一个经济管理类专业，也难以发展得好，更难以办成高水平大学。所以我们必须适当扩展学科。人文学科方面，我们有一定的基础，近些年发展很快，学校的氛围已有很大变化。理科建设方面也已起步，即使控制专业和招生，教师的科学研究和基础科学课程建设也必须加强，要有科学家，能够给学习其他门类的学生开设科学课程，使学校的科学氛围浓厚起来，提高学生的科学素养。

第二，办多科性大学是指中央财经大学不一定办成综合性或全科性大学，至少在可预期的时间内是这样。国际高水平大学也不完全是综合性的，普林斯顿那么好的大学，也没有法学院、没有商学院，人也不多，但办得非常好，是全球顶尖大学之一。这样的例子有许多。总之，是办多学科，不一定办成全学科。我不赞成每个学科门类都办一个或几个专业就是综合性大学。即使蜻蜓点水般地把所有学科门类都搞一两个专业，每年招几十个人，那也不是综合性大学。我觉得我们的学科扩展也要适度，不能什么学科都上，如果学科水平很低，不但起不到相互支撑的作用，还会影响学校的声誉。

第三，高水平大学中的所有学科都应该有一定的实力和影响。我们自己衡量，经过60年的发展，我们的经济学和管理学具有一定的优势，必须努力保持这一优势。要保持优势也不容易，必须好好规划、创新、发展，要有高水平的学术团队，要有高水平的创新成果，要有更加浓厚的学术氛围。这些年新扩展的学科也都有了很好的基础，有些学科发展很快，已经有了较大影响，有些学科的发展还不能令人满意。每个学院要按照科学发展观的要求对自己的发展再次进行规划。我认为在中央财经大学，不能有不入流的学科。我过去讲过，高水平大学都有若干领先的一流学科，虽然不可能所有学科都是一流的，但不是一流的学科也是二流、三流的，也都具有相当水平。哈佛大学最弱的学科是工程，还排全球23位。我们放宽一点，至少应该是入主流的。高水平大学不能办不入流的学科专业，办这类学科专业实在没什么意义。主要优势学科保持一流，其他学科争取一流至少保证二流，极个别三流的，这样才行。我们现在最好的是财政、金融、会计、国民经济学等几个学科，都是全国重点学科。我们的保险、税务如果做得好的话，有可能成为全国第一。我们学校的前身是中央税务学校，税务学科我个人感觉能够做到最好。中财的保险学科，我觉得也能做得到国内第一，现在距第一差距并不大。我校的保险专业影响力大，保险业界人物有很多是从我校毕业的，在保险业内学术影响力也很大。但我校的财政学、金融学、会计学要在

历史特色与文化传承 ●●●

全国排第一，难度还很大。我们现在还有不少差距，必须向国内外好大学学习。要有浓厚的学术氛围，有一批踏踏实实教书育人的老师，有成系统的科学研究成果，形成一种非常好的教育教学和科学研究的氛围，也就是"场"。要让人们一进入这个地方就能感受到这就是国内最好的学术殿堂、最好的学府，照这样做才可能成为好大学、一流大学。

经济和管理学科必须保持一个强势发展。理论经济学现在排名还不是特别让人满意，排到20多位。中央财经大学的理论经济学也应该排在前十名之内。我们的工商管理学科需要大大加强，尽管会计学科比较强，但我们工商管理学科排在30多位，不理想，我们工商管理学科应该进入前十名才合情合理。

法学学科跟经济管理学科相近，跟人文科学联系紧密，法学的学科属性决定其发展比较符合我们学校的学科布局。目前，法学的专业排名排在第19位，这应该成为其他学科发展的榜样。法学院从1995年建系到现在14年的时间，发展到全国第19名，中央财经大学的法学学科排在前20名说得过去。下一步必须全力争取和办好博士点，并实实在在地培养好学生。

关于其他学科的发展。近几年新上的几个学科大都有很好的发展，包括社会学我也表扬过好几次，就业不错、发展趋势也不错。这些学科更要有明确的方向和目标，要尽快地融入主流，在主流当中虽然短期内难以领先，但要争取进入第一梯队或第二梯队，这个需要好好规划。信息学院的发展思路就值得借鉴，一是通过自己的学科建设支撑我校传统优势学科和其他学科的发展，二是积极探索发展交叉学科，三是把自己的学科办出特色、办出高水平。这个思路有道理。经济学、管理学、法学之外的其他学科，在发展过程中给学校传统学科提供了很好的支撑，使学生的人文素养、科学素养有很大的提升，但还要考虑这个学科怎样进入所处领域的前列，和学校共同发展起来。中央财经大学的学科已经从以经济学、管理学为主发展到以经济学、管理学、法学为主的多学科相互支撑、各具特色的新阶段，再过若干年可能会展示出人文社会科学

23

都比较强又有一定的自然科学学科支撑的新前景。再往后呢，那就比较遥远了。

总之，关于学科，关键是提升水平。汇聚最高水平的师资队伍，创造最好水平的研究成果，吸引最具潜质的学生并教给他们科学完整的知识和先进文明的思维方式，以及培养能够引领未来的创造力和实践力，这是大学及学科发展永恒的主题。

二、关于国际化的思考

国际化主要是指学校在办学过程中要加强国际间的交流与合作，教师和学生要有国际眼光，要有国际视野，要有国际多元文化的熏陶。这对学校来说很重要。第一，你可以分析出来，国际上有影响的大学基本上都是国际化的大学，有名气的、我们知道的基本上都是，因为知识是人类共有的。因此，要办高水平的大学必须国际化。第二，全球化进程在加速，中国在迅速崛起，作为大国承担着越来越多的国际责任，就中央财经大学来说，不可能不办成国际化的大学。中国国际地位现在大家看得很清楚，中国2007年GDP排世界第三（原来统计是第四，跟德国差一点，后来统计口径调整，超过了德国），2008年保持了第三。再有二三年可能就赶上日本，中国的经济总量将排在世界第二。这么大的一个经济实体，全世界都看着，国外对中国的评价比我们自己的评价还要高。一方面，国际化可以发展中国，另一方面，中国地位上升了，成为国际社会的大国了，就要担负国际大国的责任。在发展保护自己国家、民族利益的同时，还要发展维护别人的利益。人类社会的发展，经济是基础。如果中央财经大学是中国最好的财经大学，不搞国际化，能承担相应的责任吗？我们的学生没有国际竞争力，我们在世界各个组织、机构的人怎么去工作？我们看目前国际机构就职的人员中，中国学生的比例还非常之低，好几万人的国际机构和国际组织的工作人员中，中国学生有多少？外语好、知识丰富、有管理各类国际事务的技术能力、有很好的国际眼光、有为全人类服务的心胸，要靠学校培养。我们中央财经大学就是要培养这些人才，不搞国际化不行，所以要负这种责任，也就是要与学校的地位相称、与世界发展的趋势相适应。

什么叫国际化呢？我认为至少有四条。

第一，国际学生要有一定比例。我想学生来源一定要国际化。国际化大学在这方面有没有统一标准呢？我有一次曾说过，国际学生比例不低于8%，现在来看，我们应该达到10%~15%。多一些好，要有一定的比例。在多民族、多文化的交流当中，学生素质就会自然提高。现在我们学校三四百个留学生就有很好的效果。如果我们学校里边有五分之一或六分之一的学生来自世界各个国家，学生就可以在多元文化氛围中学习成长了。这对优秀文化的相互传播和融合，对学生未来的发展，对促进全球社会和谐必然有利。

第二，国际教师要有一定比例。我希望我们的学生毕业之后在国际机构工作的人数能够增加，并且能够胜任和出色地工作。也希望愿意继续深造的同学中到国外高水平大学学习的人数比例增加。当然这对我们老师的要求也高了。我们现在有60多位外籍教师，长短期时间不同。有外籍外国学者，有加入了外籍的华人学者。这个比例我们要增加，包括全职的和短期的。在学校工作两三个月的外籍教师也要编入学校的教职工名册，给予合适的工资和保障。要有相当的外籍教师比例，才能办成国际化的大学，仅靠我们自身发展太慢。因此，国际教师也是学校快速发展的重要因素。近些年，我校教师中有海外学习工作经历的比例越来越高，这是非常可喜的，也是办国际化大学所必需的。

第三，国际化的教学内容和教学方式。教学内容要反映国际前沿的成果，采用优秀的教材，采取启发式教学方式。我们面对那么优秀的学生，不能采取灌输式教学办法。要鼓励学生自主学习，培养创新思维能力，注重学生个性化发展。这种方法对教师的要求更高，学生有问题问老师，老师要能够真正提供帮助，告诉学生、引导学生，没有高水平做不到。有高的学术水平才能有高的教学水平，有高的教学水平才能谈好的教学方法。如果我们每个领域的专家都有特长，学科也就强大了，学

大学的理念与中财特色

生经过熏陶，自然也就成为人才了。

第四，实质性国际交流合作。这方面我们已经有了很好的起步，已经与80多个国外大学和国际机构签订了正式合作协议，建立了国际化的优势学科创新平台，成为首批"国家建设高水平大学公派研究生项目"46所高校之一，是接受中国政府奖学金来华留学生院校和教育部首批全国53所"接受来华留学生政府奖学金项目"高校之一，特别是我们承担了国家给发展中国家培养高级经济管理人才的任务，这是江泽民同志在联合国千年大会上承诺过的援助发展中国家的项目。我们已经为64个发展中国家培训了300多位司处级以上的领导者，若干年后他们中很多人有可能成为所在国重要的领导人，说不定哪个发展中国家的总统或总理就是在中央财经大学学习过的。我们看哈佛、耶鲁、剑桥、牛津培养了多少总统、首相和总理。国际化必须快速往前推进，现有很好的起步。希望培训学院继续做好这个项目。再一个是加强与国际高水平大学的更紧密合作，互派学生，提供实质性的交流平台，真正让学生受益。我们想通过优势学科创新平台迅速拉升学校国际化水平，各学院要加大这方面的工作力度，提升学校整体的研究和教学水平。还有，我们正在建设的学术会堂和交流中心，就包括一个比较好的学术报告厅，这是我们请国家广电总局设计院设计的，能够容纳八百多人，目标是像北大的百年讲堂一样，能够请外国总统、总理和学术大师、各界精英领袖来此演讲并能够全球直播。我们的学术会堂就要发挥这个作用。

总而言之，国际化的目的还是使大学有一个很好的氛围、多元文化、国际视野、社会责任心，这样才能担负起中央财经大学为国际社会服务的责任。

三、关于研究型的思考

中央财经大学的地位决定了我们必须建设研究型大学，不管现在是不是研究型。国际化的高水平大学哪有不是研究型大学的？如果不是研究型大学，引领学科的发展是绝不可能的。要引领未来发展，要培养各界的精英、领袖人物，要担当责任的话，必须是研究型大学。怎么办研究型大学？研究型大学的标志是什么？

第一是研究生比例。研究型大学的学生中，研究生比例一般都较高。这有两个原因，一是研究型大学注重研究型人才和未来各界领袖人才的培养，这类人才经过研究生阶段的继续学习和研究，起点会更高，成功的几率也更大。二是研究型大学的科研成果绝大多数是由师生共同完成的，在高水平导师指导下，研究生特别是博士生是科学研究的生力军。研究生比例高，科学研究队伍就强。但研究生比例究竟多大，总规模多大，要根据学校的资源而定。在高水平大学中，实际比例也很不同。近十几年来，我国研究生招生增长很快，现在每年本科生招生300多万人，加上高职高专生达到600多万人，硕士研究生近50万人，博士研究生5万人。国内高水平大学的研究生数量都在迅速扩张，北大、清华研究生比例就非常高。其实，我们学校研究生比例也不低，2008年我们本科生招生1800多人，研究生招生1100多人。2009年计划本科生招生增加到2500人，硕士研究生招生增加到1200多人，博士生招生150多人。我查了国际知名大学在校生中研究生的比例，哈佛大学和哥伦比亚大学研究生多一点，哈佛本科生不到7000人，研究生约13000人；哥伦比亚大学差不多也是这个规模和比例；耶鲁大学本科生5000人多一点，研究生6000人；宾夕法尼亚大学本科生和研究生均接近10000人；剑桥大学本科生10000人，研究生7000人；牛津大学是本科生9000人、研究生3000人；普林斯顿大学本科生4800人、研究生2000多人。可以看出，高水平大学研究生比本科生所占比例略多一点或略少一点的都有。研究生所占的比例不是绝对的，不一定超过本科生，但是得有一定的比例。我想，我校未来的研究生比例不应该低于三分之一，最好在二分之一左右。

第二是科研成果。研究型大学应该有很高的科学研究水平，科研成果应该领先，并且应该经常涌现创新性成果，对基础科学和社会发展能起到引领作用，这是很重要的指标。国际上的大学排名，科技发明、学术奖项很重要，每个大学出了多少成果，获得多少奖项，是很重要的指标。其中诺贝尔奖是最高奖，对大学的声誉影响很大。其次是院士的比例，一所大学的教师中有若干位诺贝尔奖获得者，有几十或上百人拥有院士头衔或一级学会荣誉职务，那这个学校的国际影响力就很大。所以研究成果和大师对大学来说是非常重要的。

第三是学科水平。高水平大学的学科排名都在前列。我刚才提到的哈佛大学，最低的学科排名是23，许多学科排名第一。全球排名前100位的大学，基本上都有排名第一或第二的学科，至少在某些或某个排名前10的学科中能够找到这些大学的名字。

第四是集中了最优秀的老师，吸引了最具潜质的学生，培养了社会各界的精英领袖。建设研究型大学，一是必须汇聚一批思维敏捷、有创新精神、热爱教育事业、科研水平高的优秀教师，二是招收最有潜质的学生，这样的大学才称得上研究型大学。就我们学校而言，每年招收的学生是2000多万同龄人中排在前几万名之内的佼佼者，毕业后成为社会各界的精英。我们的教师总体上是优秀的，特别是一批青年教师潜力巨大。但与建设高水平研究型大学的要求相比，教师队伍建设还亟待加强。目前我校有几十位教师已经走在了学术前沿，其中有些教师已经具有国际水平，但高水平教师的比例还是太低，我觉得如果这个比例达到50%以上，我们这个大学肯定就是高水平研究型大学了。我们一定要营造一个尊重教师、尊重学术的氛围。每一个学院、每一个学科做发展规划的时候，一定要特别注意这一点。我对我们学校教师的发展和学校的未来充满信心。

四、关于特色的思考

关于办学特色已讲过很多次，有一次的讲话，经过林光彬同志的整理，2008年还在《教育研究》第11期刊发了。我认为特色集中体现在四个方面。

第一，学科专业。说到办学特色，北大有什么特色？大家马上会想到它的文理科非常强；说到清华，它的工科特别强；说到人民大学，

历史特色与文化传承 ●●●

它的人文社科很突出。中央音乐学院什么特色？音乐特别是西洋音乐非常棒。中国政法大学当然法学有优势。我们中央财经大学的特色是什么呢？我们的财政税务、金融保险、会计学等经济管理类学科，学界和社会都认可。研究国外的大学也是如此。说到剑桥、牛津、哈佛、耶鲁都差不多，都有影响巨大、全球领先的一流学科。我再说一下新办学科、新兴学科、交叉学科，其实也可以办成一流的，在多学科发展的情况下，原来不是优势学科的也可能超常规发展成一流学科。例如，我们中央财经大学除了有经济、管理方面的专家之外，也可能产生大文学家、大法学家，也可能出大科学家，等等。大家都知道普林斯顿大学物理很强，它的经济学也很强，现在的美联储主席伯南克就担任过该校的经济系主任。不见得说中央财经大学只能出经济管理专家，其他学科同样可能出大家，这既包括教师，也包括学生，完全是可能的。

第二，理念与制度。怎么形成办学特色呢？首先要有先进的办学理念，这个理念必须稳定，而且必须还要有传承、有创新。先进的理念需要不断地继承、发展、持续才行。其次是发展历史过程中的积淀。最后是制度安排。大学的办学特色体现在学校有一套适应时代发展需要的、稳定的制度，有独特的人才培养模式。

第三，与时俱进。不断与时俱进才能形成特色。应该说中央财经大学还是有特色的，现在社会上基本认可，怎么完整地表述特色还可以再研究。现在大家基本上认可中央财经大学是财经管理专家的摇篮。至少我们财经管理学科强，这个特色就形成了。

第四，学生的特色。社会上反映，中央财经大学的毕业生业务上手快，政策水平高，很务实、能共事，还有就是忠诚、踏实、肯干、会操作、讲原则等。我们曾用过"能共事、上手快、能沟通"，这三句话说出来符合我校学生的特点。后来提出了新的三句话，"思想品质好、政策水平高、动手能力强"。"忠诚、踏实、肯干、能共事、能沟通"，这是思想品质好；"懂政策、讲原则"是政策水平高；"上手快、能操作"是动手能力强。这么概括也挺好，品质好、水平高、能力强是对学生很高的

29

评价。其实，我校的学生理论素养和创新能力也很好，还可以概括为两句话，"理论和政策水平高、实践与创新能力强"。无论怎么说，从中央财经大学建校60年来的几十届毕业生发展情况来看，我校的毕业生确实比较肯干、比较踏实，懂政策、有水平。至于怎么归纳，将来可以再琢磨，通过大家讨论把学生特色提炼出来。我们必须关心每一个学生，让每一个学生都能健康地成长，这一点必须做到。

以上是我对办学定位相关的四个关键词的一些想法，不一定正确，希望引发大家更深更好的思考。

总之，讨论办学定位和办学特色，目的是明确我们努力的方向。真正让社会认可，还要靠我们自己的办学实践，看我们实践干得怎么样；再一个意思是在学校的发展过程中，办学定位也需要与时俱进；还有一点，是我们必须抓住机遇，在特定时期奠定未来发展的基础。研究世界著名大学的发展历史，我们发现很多好的大学，特别是后起的大学，就是因为抓住了某个或某几个机遇发展起来的。因此，我们要抓住机遇，近几年就是我们的机遇期，我们还要共同努力。

五、其他相关问题

最后再谈一下与此相关的两个问题。

1. 关于办学规模的思考

在做沙河新校区建设规划的时候，我们讨论了在校生规模，现在看仍然符合我校未来发展战略。沙河校区建成后，在校生总规模逐渐达到18000人，以后不再增加。沙河校区14000人，学院南路校区是4000人。刚才我说那些著名的大学，它们的在校生规模都不是很大，哈佛大学不到2万人，耶鲁大学12000人，普林斯顿一共不到7000人，加州理工才900名本科生、1100多名研究生，剑桥17000人，牛津12000人，东京大学还大一点，27000人。办大学并不是越大越好，当然咱们也不能办成加州理工大学那样的规模，在校生规模太小也不行。中国人多，有13亿人口，不能简单跟它们比。总的来看，中国大学规模都比较大，这个符合我国的国情。即使过几年我们实现了在校生规模的目标，这在国内大学中仍然属于规模偏小的，但我认为是合理的。我们原来计划10000名本科生、6000名研究生，再加上高端培训，一共是18000人，当时是这么设计的。2009年本科生招生规模已经达到2500人，以后不再增加。研究生到6000人还需要六七年的时间，如果研究生超过6000人了，可以把本科生调到8000人左右。特别是博士生的招生数量要尽可能地再多一些，就比较合适了。留学生的比例我们希望达到10%~15%。

2. 关于校区安排的思考

现在有两个学院给学校打报告，一个学院愿意全过去，一个学院愿意全留下，最终安排还要看沙河校区建设的具体进展。两个校区不方便，增加了很多办学成本，这是事实。但我们这个校区实在太小，周边又没有扩展空间，学校要发展，要独立存在，就必须要这样做。实际上，高水平大学多校区办学的并不少，国外大学也很普遍。国内有些高校一个大校区办学，这自然好，可我们做不到。做不到就承认这个现实，就两个校区办学，如果再扩展就在沙河校区扩展。

校区安排有几种方式。一是按层次划分，也就是按照本科生、研究生这样分；二是按学院划分，少数学院在这边，多数学院在那边。当然，还有另外的方式，比如说毕业生在这边，研究生的毕业班和本科生毕业班都在这边，方便实习和就业找工作。还有一个办法，就是本科一年级在这边，二年级以上都去新校区。国外大学在校区扩展后，一般是把本科一年级的学生安排在发源地老校区，这是为了让新学生享受和继承学校悠久的历史和传统。哈佛大学，老校区叫哈佛学院，耶鲁大学老校区叫耶鲁学院，著名大学的老校区都很小，大多1000~2000人，学校认为学生选择了这所大学，就要给学生享受历史熏陶的机会，古老的校园让一年级学生使用，这是一个荣誉。到二年级以后再到各自专业所在学院的校区去。在古老的校园了解学校的历史、传统、校风和责任，当然也打下了一定的专业基础，然后到新的校区继续奋斗。如果这样安排，也是很好的。究竟怎样安排，现在不能定得那么早，还需要认真研究。

最终的安排不可能在短时间内到位，因为校区建设还没有完成。还需要有一个过渡性安排。

现在怎么办呢？经过多方面考虑和讨论，2009年9月新校区启用后，一、二年级先过去，2008级已在上庄校区读了一年，再到沙河新校区读一年，三年级回来，2009级读三年再回来。因为新校区建设还没有完，条件不够完善，我觉得特别对不起这两个年级，尤其是2008级的同学们，但实在没有办法。我们必须下决心采取一切可能措施加快建设，并且一定要建设好。我预计两年之后，校区的功能会基本齐全。再经过一个较短的时间，一个漂亮的新校区就会建起来。为了学校的未来和可爱的学生们，我们必须全力以赴创造最好的条件，克服一切困难，贡献全部的热情。

总而言之，为了更好地深入学习实践科学发展观，按照党委的要求，我把对学校定位和特色的思考汇报给大家。不对之处，请批评指正。

历史特色与文化传承 ●●●

"211工程" 建设开启发展新征程 ①

9月8日，教育部召开了关于"211工程"增补高校做好项目建设方案的会议。经国家发展改革委、教育部和财政部共同研究决定，包括我校在内的12所大学增补进入国家整体"211工程"建设高校。这是学校56年发展历史上的重大标志性事件，是历代中财人共同长期艰苦奋斗的结果，"211工程"启动10年来，全体师生付出了艰苦的努力。在近年的申请过程中，全校上下齐心协力，积极配合，许多同志作出了突出贡献，特别是有关上级领导给予了我们极大的关心和宝贵的支持，我们永远不能忘记，要始终感念在心。

能够进入"211工程"建设高校，既是全校师生长期奋斗的结果，更是国家对我校的信任和厚望，是极大的荣誉，也是更大的责任。

"211工程"是1995年11月经国务院批准后正式启动的，这是中华人民共和国成立以来由国家立项在高等教育领域进行的规模最大的重点建设项目，目前入选高校共94所，是按照"一省一部一校"的原则选定的。"211工程"建设的主要内容包括学校整体条件、重点学科和高等教育公共服务体系建设三大部分。在一期建设中，中央投入了28.5亿元，正在

---

① 2005年9月22日在"211工程"项目建设工作部署会上的讲话。

33

大学的理念 与 中财特色

进行的二期建设，中央投入60亿元，还带动了各方面投资360亿元，建设高校都取得了显著的成效。根据国家发展需要，三部委按照"突出重点、总量控制、完善区域、行业、学科布局"的原则，从近40所申请高校中，经过一定程序，增补12所高校进入"211工程"的"十五"二期建设。本次增补的12所高校有国家重点学科29个、一级学科博士点40个、二级学科点200个、国家实验室6个，以期对行业和区域的发展起到重要推动作用。建设内容有三个，一是重点学科建设，二是公共服务体系建设，三是学校整体条件建设。

由于距"十五"结束仅有几个月的时间，三部委不再要求编制"十五"整体建设规划，只要求编制2005年项目建设方案。在有限的建设期限内，紧密结合国家和区域发展、学科行业发展，合理选择建设项目和内容，要求突出重点，不要把项目定得很大。

因此，我们要按照要求，以学科建设为重点，认真研究和选好学科建设点，兼顾公共服务体系建设和整体条件建设，参照三部委在1995年工程启动时联合下发的《"211工程"总体建设规划》和2002年下发的《关于"十五"期间加强"211工程"项目建设的若干意见》，高质量地编好2005年的项目规划，把资金用在最急需的学科建设和条件建设上，努力使建设项目取得最大成效。

为了确保此次增补工作平稳，教育部提出了"不宣传、重实效、确保稳定、顾全大局"的要求，明确在"十一五"规划实施前一律不要宣传本校已成为"211工程"建设高校了。因此，我们在向师生传达这一重大喜讯的同时，要选择适当的方式，要全面领会国家的战略部署，振奋精神，鼓舞士气，聚焦发展，着眼未来。由于时间紧、任务重，近期要集中全力，积极工作，相关部门密切协作，把2005年的项目规划编制好，提交一份符合学校实际、切实可行、高质量的建设方案。

我们在为进入"211工程"建设高校感到振奋和鼓舞的同时，更应该切实看到我们目前存在的差距。现在，国家为学校发展提供了更大的平台，我们一定要万分珍惜来之不易的机遇和荣誉，更加牢记我们的使命和责任，齐心协力，踏实工作，做实事，讲实效，努力实现跨越式发展，全力推进高水平大学建设迈上新台阶，向国家和人民交出一份满意的答卷。

大学的理念与中财特色

国家"优势学科创新平台"增添新引擎①

十年前，学校的"经济学与公共政策优势学科创新平台"入选了国家"优势学科创新平台"，与北京科技大学、中国地质大学、中国石油大学和中国矿业大学一起，成为首批国家"优势学科创新平台"5所试点高校之一，我还清楚地记得当时这一喜讯给全校师生带来的振奋和鼓舞。

教育部设立国家"优势学科创新平台"是为了加快推进"世界一流大学和一流学科"建设。大家知道，教育部在"985工程"二期建设时，明确了要建设若干所世界一流大学和若干一流学科，并安排了机制创新、队伍建设、平台建设、条件支撑、国际交流合作这5个相互联系的建设项目。当时，有不少学校正在努力争取进入"985"的行列，其中有些学校的学科优势非常明显。为了使这些学校的优势发挥到最大，为所在行业作出最大贡献，教育部决定设立"优势学科创新平台"。根据国家发展急需的重点领域，选择学科水平处于前列的，并与相关行业部门共建、支持的高校，重点建设一批优势学科创新平台，参照"985"的平台模式、建设任务和管理办法，实行项目管理，努力建成高水平的世界

---

① 2016年12月13日在"经济学与公共政策优势学科创新平台"成立十周年座谈会上的讲话。

历史特色与文化传承 ●●●

一流学科。

我们学校入选国家"优势学科创新平台"的是"经济学与公共政策"学科，校内建设单位主要是中国经济与管理研究院、中国金融发展研究院、中国公共财政与政策研究院和中国人力资本与劳动经济研究中心。十年来，"三院一中心"在邹恒甫教授、吴仰儒教授、乔宝云教授、李海峥教授和金菁、冉齐鸣教授，以及开始阶段的张俊喜教授等的带领下，取得了显著的成就。平台先后引进了102位海外优秀人才来校进行科学研究和教学工作，现在在岗61人，在国际知名刊物发表英文论文约600篇，其中SSCI、SCI收录460余篇；发表中文论文186篇，出版专著52部；承担社会科学基金、自然科学基金项目31项，其他项目近百项；被引用论文在10篇以上的学者达到11位。许多研究成果质量高，理论上有创新意义，实践中有应用价值，受到学术界和政府部门的好评。关于"人力资本指数"的研究居国际领先水平，对国家政策制定发挥了重要参考作用。

在科学研究的同时，平台在人才培养方面也同样取得了突出成绩。近5年，平台本科毕业生802人，其中，29.1%在国内读研，37.4%出国读研，继续深造的比例达到66.5%。直接就业的毕业生也都在国家重要或急需的部门、地区和行业。目前，平台的在校生975人，其中，本科生634人，硕士研究生307人，博士研究生34人。

平台的科研教学人员大都毕业于国际名校，在研究和教学过程中也一直与国际高水平大学和国内名校保持着密切联系与合作，这对我们的"优势学科创新平台"实现国际一流的建设目标起着非常重要的作用。近5年，平台举办了30多次高水平的重要学术会议，高质量的学术讲座每年都超过100次。

这十年中，国家在资金和政策等方面给予了大力支持，学校将平台作为我校承担国家任务和国际化办学的窗口，重点建设、重点支持、重点发展。经过十年建设，平台汇聚了一批系统接受过海外规范学科教育和严格训练的优秀师资，形成了高水平、国际化的教学科研团队，产生

大学的理念与中财特色

了一批有影响力和显示度的科研成果，培养了一大批优秀的学生，优势学科有了新的提升，取得了期望的成果。

优势学科创新平台的十年建设取得了可喜的成效，但我们面临的发展任务依然很重。要实现"国际一流学科"的目标，还要经过大家持续不断的努力和奋斗。平台建设要坚持高标准，坚持开放研究和开放办学的思路，继续保持与国内外高水平大学和机构的联系合作，继续加强与校内兄弟学院、职能部门的协调沟通，尽可能地整合力量，发挥最大潜能，实现最快发展。在引进吸收和借鉴世界著名大学教学科研体系的同时，要在经济学和公共政策研究与人才培养方面更加契合中国国情和发展阶段，更加突出中国特色，更加注重理论创新和政策的科学性，使我们的优势学科平台在科学研究、人才培养、政策咨询和推进经济社会健康发展中发挥应有的作用。

同时，也希望平台在学校的整体"双一流"建设中发挥推动作用，在学术研究和智库建设中发挥引领示范作用，在教学和人才培养中发挥创新探索作用，在国际化发展中发挥基础和桥梁作用，并在师资队伍建设和人才引进中作出更大贡献。

学校相关部门要加大对优势学科平台建设的支持力度，及时解决发展中的实际困难。要进行体制机制创新，建立长效机制，包括人事制度、长聘制度、职称评定、绩效考核等方面，为优势学科平台的建设发展创造好的条件。我相信，在大家的共同努力下，"优势学科创新平台"未来一定会发展得更快更好，一定会创造出新的辉煌。

38

历史特色与文化传承 ●●●

新校区建设奠定未来发展坚实基础①

　　北京沙河高教园区建设，市里和昌平区正在规划设计，为加快推进和早做准备，学校成立了沙河校区规划建设工作委员会，陈明同志刚才谈了各组的任务分工和近期工作安排，大家要认真落实。大家的责任重大，使命光荣，一定要不辱使命。关于新校区建设的意义，已经谈过多次，这是真正意义上的创业，是创大业。大家承担了这项工作，一定要尽心竭力。现在学校发展很快，学科、专业拓展，实力提升，近期还要进行院系调整。建设好这个新校区将奠定学校未来发展的坚实基础，是百年基业。这也是我们能够真正承担起国家重点大学责任所必需的。要对得起历史，并对未来负责。现在明确了分工，大家要真正承担起自己的责任，工作要细致，要做好各自的工作计划和进度表，不拖后腿，讲求效率。各组之间要配合好、沟通好，形成一个坚强的集体，保证建设计划顺利实现。要集中全校师生员工的智慧建好新校区，希望全体师生员工都来参与沙河校区建设，集思广益，为新校区规划和建设出谋划策，贡献力量，因此，要注意做好信息通报工作，让全校师生员工及时、准确地知晓沙河校

---

① 2003 年 7 月 28 日在沙河校区规划建设工作会议上的讲话。

39

区规划建设的进展情况。学校各部门都要全力支持沙河校区规划建设工作委员会的工作，这是学校的大事，是学校工作的重中之重，关系到学校发展的全局和全体师生员工的利益。大家要齐心协力，按照"高标准规划、高标准设计、高标准施工"做好此项工作。我们一定要把沙河校区建设成一个"布局合理、功能齐全、风格雅致、环境优美"的现代化新校区。

历史特色与文化传承 ●●●

"两部一市"共建一流大学 ①

今天，在这喜庆的日子里，我们隆重集会，欢聚一堂，热烈庆祝教育部、财政部、北京市人民政府共建中央财经大学，有这么多重要的领导在百忙之中亲临学校，与我们共同亲历和见证这一重要的历史时刻，我们感到特别的荣幸，特别的高兴。借此机会，请允许我代表中央财经大学全体师生员工，向各位领导表示最热烈的欢迎和最衷心的感谢！

教育部、财政部、北京市人民政府签署共建中央财经大学协议，我们热切盼望和期待已久，这是中央财经大学发展历程中载入史册的重要时刻，我们倍感振奋和鼓舞！

中央财经大学是中华人民共和国成立后中央人民政府直接创办的第一所财经高校，在60多年的办学过程中，得到了党和国家几代领导集体的亲切关怀，教育部、财政部和北京市委、市政府十分重视学校的建设和发展，始终给予我们无微不至的关心和大力支持。

建校之初的中央税务学校和中央财政学院，在财政部的直接领导下培养了大批经济管理专门人才，为全面恢复国民经济和加快社会主义

---

① 2012年4月24日在教育部、财政部、北京市人民政府共建中央财经大学协议签字仪式大会上的讲话。

建设步伐作出了重要贡献；1952年全国院校调整时，北京大学、燕京大学、清华大学、辅仁大学的财经系科与中央财政学院合并，成立中央财经学院，直属高教部领导，开始了现代化大学建设之路；1953年，学校重新划归财政部管理。在我校隶属财政部长达50年之久的时间里，财政部历任领导为学校的创建与发展壮大倾注了大量的心血与汗水，在教育部和北京市委、市政府的指导支持下，为学校各项事业的健康发展奠定了良好的基础，推动学校形成了鲜明的办学特色和在经济管理领域的学科优势。学校60周年校庆时，共和国五任财政部部长齐聚我校，成为全国财经战线的一段佳话。2000年学校划转教育部管理后，教育部领导为学校的改革、发展和建设给予了特别的关心和指导，在学科建设、师资队伍建设和校园基本建设等各个方面都给予了大力支持，学校办学规模进一步扩大，办学层次进一步提高，办学质量不断提升，社会影响力持续增强，教育教学事业取得了长足进步。无论是我校隶属财政部，还是划转教育部，北京市委、市政府领导始终如一地关心和支持学校的发展，"文革"结束后，市委、市政府及时作出了搬离北京卷烟厂的英明决策，使我校顺利复校并于1978年恢复招生；在学校发展的过程中，市委、市政府在党建和思想政治工作、市级重点学科和科研基地建设、就业等方面给予了正确的指导和大力支持，特别是近十年来，在我校沙河新校区建设、大学科技园和科技金融产业园建设等方面更是给予了直接的支持和具体的指导帮助，为我校进一步改善办学条件和提高教育教学水平发挥了极其重要的作用。回顾我校60多年的办学历史，我们每一分成绩的取得，都离不开教育部，离不开财政部，离不开北京市委、市政府，教育部、财政部和北京市委、市政府各级领导长期以来对我们各个方面的关心和支持，这是推动我们前进的不竭动力，一代又一代的中财师生和校友将永记在心！

经过60多年的发展，中央财经大学已经成为国家"211工程"重点建设高校和国家"优势学科创新平台"首批试点高校，成为国家高级经济管理人才培养和财经政策研究的重要基地。教育部、财政部和北京市人民政府签署共建中央财经大学协议，掀开了我校发展历史上崭新的一页，为我们今后更好更快地发展搭建起了更加宽广的平台。在今后的办学过程中，我们将进一步深入贯彻落实《国家中长期教育改革和发展规划纲要（2010—2020年）》和胡锦涛总书记清华百年校庆讲话精神，以共建为新的起点，根据国家和北京市经济社会发展需要，坚定不移地走以提高质量为核心的内涵式发展道路，更加深入地参与国家财经领域重大问题理论研究和决策咨询，更加广泛地参与首都经济建设和社会发展，更加努力地培养高素质的社会主义事业建设者和接班人。我们坚信，在教育部、财政部和北京市委、市政府的坚强领导、亲切关怀和大力支持下，中央财经大学全体师生一定更好地秉承"求真求是，追求卓越"的办学理念，进一步解放思想，锐意进取，为把中央财经大学早日建成有特色、多科性、国际化的高水平研究型大学而努力奋斗，为国家和首都经济社会发展作出新的更大的贡献！

骋望书海求真知 ①

　　对我们中央财经大学的全体师生和广大校友来说，2016年的这个春日是值得载入校史的重要日子。我们沙河校区现代化的图书馆今天启用了。衷心感谢教育部、财政部、国家发展改革委、北京市及昌平区对我校沙河校区图书馆建设的关心和支持，三十多年的改革开放和经济的快速发展，使国家有能力为我们建设这样一座现代化的图书馆；感谢中国建筑设计研究院崔愷大师团队近乎完美的设计和北京城建亚泰建设集团高质量的建设；感谢骋望集团创始人马伟强先生对我校人才培养和图书馆建设的慷慨捐助。感谢各位领导和来宾与我们一起见证图书馆启用这一激动时刻。同时，我们还要感谢王瑶琪同志和曾宇波、张艳江带领的基建处的同志们在图书馆建设过程中的艰苦付出，感谢图书馆、昌欣物业和沙河校区办公室等部门的同志们为图书馆的尽快启用作出的辛勤的努力和紧张的准备。我们还要记住，我们的沙河校区是建设在沙河镇大洼村、百善镇东沙屯、南邵镇张各庄和景文屯等三镇四村乡亲们祖祖辈辈生活的土地上，我们感谢三镇四村的父老乡亲！当然，我们还要感谢全校师生员工和我们的历届校友，是大家持续不断地努力、奉献和创

---

① 2016 年 3 月 6 日在沙河校区图书馆启用仪式上的讲话。

新，把我们中央财经大学的办学实力一步一步推向更高水平，成为推动国家经济社会向前向上发展的一支重要力量。我们值得拥有这样一座一流的现代化图书馆！

老师们、同学们，图书馆承载着人类知识与文明的成果，承载着大学精神和人们对美好未来的期望。当前，我们国家的经济总量已连续几年位居世界第二，在迈向建设更加富强文明、更具全球影响力的国家进程中，大学起着重要的引领作用，而一流的图书馆是建设世界一流大学与一流学科的重要支撑。

一流的图书馆需要有一流的读者。对于中央财经大学的学生而言，我希望同学们要好好利用图书馆，要博览群书，学知识、学科学、学一切文明成果，增长我们的心智，启迪我们的智慧。记得培根说过，"读史使人明智，读诗使人灵秀，数学使人周密，科学使人深刻，伦理学使人庄重，逻辑修辞之学使人善辩，凡有所学，皆成性格。"要想成为一名具有健全人格的大学生，需要同学们深度阅读人文与科学的经典书籍，与这些先贤哲人尽其一生之力思索的精华对话，搭建比较完整的知识架构，形成独立的精神与见解。若能如此，就可以做到"胸藏文墨怀若谷，腹有诗书气自华"。

一流的读者需要养成终身阅读的习惯。一个民族精神的培育，有赖于这个民族的阅读习惯。随着现代生活节奏的加快，对于中央财经大学的师生而言，我们更应该为国民终身阅读习惯的养成作出表率。读书不是为了应付考试拿文凭，不是为了发表文章拿项目。读书是为了满足我们内心对知识的好奇与渴望，是为了培育我们做事业、做学问的智慧，是为了滋养我们的心灵，充实我们的人生，知道前人走过的路，知道我们又将走向何方，应该走向何方。希望在学院南路校区图书馆里看到的场景同样出现在骋望楼里：灯火通明，座无虚席，不时传来沙沙悦耳的翻书声，这是一流大学图书馆里所应有的场景。哈佛大学图书馆里最经典的训诫是"此刻打盹，你将做梦；而此刻学习，你将圆梦"，希望同学们共勉。

老师们、同学们，让我们一起努力，共同用心将骋望楼营造成一座蕴含深厚文化、充满奇妙力量的图书馆，成为我们求学问道的乐园和心灵寄居之所，成为梦想实现的殿堂。

中央财经大学和我们的国家一样，未来一定更加美好！

附：骋望楼记

本楼是中央财经大学沙河校区主图书馆，于二〇〇九年十月十七日学校建校六十周年校庆时奠基。沙河校区建设得到了国家教育部、财政部、发展和改革委员会、北京市的大力支持，图书馆作为新校区建设的主要工程列入了"十二五"重点建设规划。

本楼由中国建筑设计研究院设计，北京城建亚泰建筑集团承建。二〇一三年三月十七日开工，二〇一五年十一月二十五日竣工，二〇一六年三月六日启用，建筑面积三万零七百六十平方米，地上五层，地下两层，总投资两亿三千五百万元。

骋望集团创始人、著名企业家马伟强先生心系教育，厚德善举，于二〇一一年六月二十七日向我校捐赠两千三百万元，助推沙河校区建设和学生成长。因"骋望"与胸怀梦想、驰骋天地的龙马精神和学校"求真求是、追求卓越"的办学理念极为契合，又能表达对骋望集团的感怀之意，为激励学子，传承文明，创造未来，故将此楼命名为"骋望楼"。

二〇一六年三月六日

心系教育　期许未来①

今天这个仪式是能够永载中央财经大学史册的。"彦桐楼"是学校历史上第一个以为社会发展作出巨大贡献的重要人士的名字命名的楼宇，这对学校的校园文化建设、人才培养和文化传承都具有重要意义。

在此，我代表中央财经大学的全体师生和广大校友，对鸿发集团和麦照容先生对学校建设的支持表示衷心的感谢和崇高的敬意！对鸿发集团创始人、著名企业家麦彦桐先生表示深切的怀念！麦彦桐和照容先生父子以"明德务实、以诚取信"的经营理念创办了鸿发集团，天道酬勤，创业维艰，成就卓著，誉满华夏。在为社会作出巨大贡献的同时，心系教育，期许未来，对中央财经大学的无私捐助和支持体现了他们父子的大爱情怀。

我们以彦桐先生的名字命名这个楼宇，是对他最好的纪念，在激励学子传承文明的同时，也使彦桐先生的名字永世流芳。

祝愿照容先生的事业一帆风顺，祝愿鸿发集团基业长青，永续辉煌！

---

① 2015 年 6 月 16 日在"彦桐楼"冠名揭牌仪式上的讲话。

附：彦桐楼记

时维八月，岁在甲午，广东鸿发投资集团创始人麦彦桐先生捐赠壹仟伍佰万元，助推我校新区建设。先生创业维艰，天道酬勤，心系教育，期许未来。为彰其功德，激励后人，学校将本楼冠名为"彦桐楼"。

二〇一五年六月十六日

历史特色与文化传承 ●●●

一代宗师　岱岳长青 [①]

今年是北京大学经济学院（系）建立100周年，借此机会，我谨代表中央财经大学向经济学院的老师和同学们致以热烈的祝贺！100年来，北京大学经济学院在引进、传播和研究经济学知识，培养中国经济领域高素质人才，推动中国经济学科发展等方面起到了突出作用，为我们国家经济社会发展作出了重要贡献。衷心祝愿北京大学经济学院在新的100年，继续在推动中国经济学科发展和培养经济领域卓越人才等方面发挥引领作用。

在庆祝经济学院（系）建立100周年的日子里，举办纪念陈岱孙先生诞辰112周年暨陈岱孙经济学基金发展论坛，是一件非常有意义的事情。我记得在先生诞辰100周年的时候，也是在这个报告厅，举办了隆重的纪念大会，我也做了发言，当时的那个情景，依然印象深刻。作为学贯中西的经济学大师，先生为我国经济学发展作出了开创性贡献，作为著名的教育家，先生为我国经济学界培养了众多杰出人才。除了与北京大学、清华大学关系密切外，陈岱孙先生与中央财经大学也有着密切的联系。1952

---

① 2012年5月10日在纪念陈岱孙先生诞辰112周年暨陈岱孙经济学基金发展论坛上的讲话。

年，全国院系调整时，北京大学、清华大学、燕京大学、辅仁大学的部分财经科系与中央财政学院一起组建了中央财经学院，陈岱孙先生受命担任主要负责人。先生作为教育家所具有的先进办学理念、远见卓识和实干精神，对推动中央财经大学从最初培训中高级财经干部的学校向着现代正规大学转变，起到了关键作用。这在我们学校校办副主任杨禹强同志对校史进行认真梳理基础上写成的专门文章中有充分体现。这篇文章被收录在陈岱孙先生纪念文集《岱岳长青》中。1953年离开中央财经学院后，先生依然与学校保持着密切的联系。1978年学校复校后，先生主动表示要回学校给学生做讲座，还积极联系安排一些熟悉的教授到学校授课。80年代初我本人还亲耳聆听了先生回学校给我们做的精彩演讲，至今回想起来，仍然历历在目。可以这样说，包括我本人在内的中央财经大学的众多学子，无不受益于先生的功业，我们一直非常怀念陈岱孙先生。

先生有博大精深的学问、温文尔雅的人格魅力，永远是我们晚学后辈学习和景仰的榜样，我们应该沿着先生走过的足迹继续向前迈进。设立陈岱孙经济学基金是纪念先生的一种很好的方式。现在各种基金也比较多，要想让基金发挥更好的作用，关键在于运作。我知道，这些年来，在各位同仁的努力下，陈岱孙经济学基金在推动经济学科人才培养和学术研究及举办纪念陈岱孙先生等老一辈经济学家活动等方面起到了良好作用，衷心希望陈岱孙经济学基金越办越好！

附：在陈岱孙先生诞辰100周年纪念会上的发言

今天，我们怀着无比崇敬的心情纪念陈岱孙先生百年诞辰。陈岱孙先生是我国学术界、教育界的一棵参天大树，是学贯中西的经济学泰斗，他的学术思想培育、影响了一代又一代经济学人，他的崇高品德和风范，感染了一批又一批青年学生。陈岱老在1952—1953年，曾在中央财经大学的前身中央财经学院担任主持工作的第一副院长，是我们学校发展初期重要的奠基人，虽然他在中央财经学院工作的时间不是很长，但他的治学思想和人格的光辉一直是学校发展的精神力量。陈岱老到北大后，对中央财经大学的发展仍然给予了极大的关注、关心和关怀，用多种形式提出他的建议和指导意见。1996年2月14日，我校崔书香教授前去看望他时，谈到学校将要更名为中央财经大学，他非常高兴，对学校更名后的发展提出了许多具体设想，特别强调学校更名后要加大系科调整和教改力度，要有国际眼光，把学校真正办成教授质量好、学术水平高、有影响力的大学。陈岱老的关心和指导，对全体师生员工是很大的鼓舞。在陈岱老百年诞辰之际，中财人十分怀念我们这位可亲可敬的老校长，怀念他对我校发展所做的杰出贡献，怀念他对学校始终如一的关爱和期望，也有决心把他对中央财经大学的期望一步步变成现实。陈岱老已经离开了我们，但他的学术思想、治学精神和师德风范将永远激励和伴随着我们。

光风霁月　大义清流 ①
——深切缅怀刘光第先生

今年是刘光第先生诞辰100周年。刘先生出生于1917年10月，湖北省仙桃市人，是我国著名经济学家。他先后毕业于重庆大学和西南联合大学，新中国成立之初，亲历了上海金融业的接收与改造，为新中国金融制度的建立和国民经济快速恢复作出了重要贡献。之后，他全身心地投入到探求国家富强之道的学术研究与教育事业，成果卓著，桃李芬芳。特别是改革开放之后，他满腔热情参与到经济金融改革的理论与政策研究之中，发表了一系列具有重大影响的研究成果，提出了许多政策建议并被国家有关决策部门采纳，是改革开放初期最活跃和最有影响的经济学家之一，为推动经济金融改革和社会主义市场经济体制建立奉献了自己全部的心力。刘先生是我大学时期的老师，是我学术成长道路上最重要的引路人之一。在我的心中，刘先生是一位循循善诱、品格高尚的好老师，一位潜心学问、慎思明辨的大学者，一位具有强烈家国情怀的知识分子。

---

① 选自《文心》第10辑，王强主编，中国财政经济出版社2017年9月出版。2017年6月9日以《清风明月襟怀阔　纵横文章报国心——忆刘光第先生》为题刊登在《学习时报》第7版"学术人生"栏目时有删减。

抗战烽火中立志学术救国，研习探求民富国强之道

刘先生出生于职员家庭，自幼喜好读书与思考，有很好的古文功底和文化学养。日本侵华战争爆发后，中国军队先是不抵抗，后是节节败退。他深切感受到偌大的中国被日本所欺，皆因中国虽大但积贫积弱所致，救国的根本之路在于尽快使中国富强起来。面对日军不断向内地侵入、祖国山河支离破碎的景象，1939年，他从武汉辗转来到重庆，考入重庆大学商学院学习富民强国之道。当时马寅初先生担任商学院院长，给学生讲授《货币银行学》和《中国金融论》两门课程。记得刘先生曾跟我说起，马先生的第一堂课就说中国的问题在于贫、弱、愚、私，根本的出路在于使中国富强起来，经济学就是探求富强之道的，希望同学们在这国难当头的时候，能够怀着这样的爱国热忱来学习经济学，马寅初先生的一席话使他激动不已。马寅初先生强调学习要理论联系实际，对中国经济和财政金融问题要做深入的调查研究，才能获得有创见的知识。刘先生说，我们这一代人就是抱着知识救国的愿望和马先生教我们的方法学习和研究经济学的，希望你们也能这样做。

刘先生求学期间的学习环境是非常恶劣的，由于日军对重庆实施战略轰炸，他们不能正常上课，每天都要跑几次防空洞。虽然如此，马寅初先生对学生要求还是非常严格，鼓励他们不管环境怎样艰苦，都要努力抓紧时间学习。他本人也以身作则，在进防空洞时总是带着书，在微弱的灯光下阅读。每当看到这种情形，同学们都深受鼓舞，从他身上汲取无形的力量。大多数同学在这样艰苦的环境下完成了全部课程圆满毕业，获得商学学士学位。

1943年秋，立志继续深造、怀揣着盖有刘大钧院长印章的本科毕业证书，刘先生来到享誉中外的西南联合大学南开经济研究所报到。这个学术机构由耶鲁大学博士毕业生何廉先生创办于1927年秋，其主旨是"为我国社会经济问题做实际解决之准备，兼谋我国社会科学之发展"，坚持将西方经济学理论和方法与中国经济实际相结合，教

学与研究相结合两个原则，培养经世济民之才，探究中国社会经济问题，首创中国物价指数，在学术上取得了累累硕果，声名远播。研究所从1935年开始招收两年制硕士生，至1948年前后共计招收培养了11届60名研究生，他们中绝大多数人都在推动中国迈向富强文明的历史进程中卓有建树。刘光第先生是第7届学生，同届同学还有陈志让、雍文远、张本懿3人。彼时研究所师资力量雄厚，以伦敦政治经济学院模式培养人才，给学生们授课的不但有经济系的老师，还有包括陈序经、张纯明等政治学、社会学名师，学科交融，兼容并包，极大地拓展了学生的知识结构与眼界。和在重庆大学读本科时一样，研究所师生关系密切，感情深厚，老师们教书育人，常请学生到家里吃饭，探讨解惑学业、人生与社会等问题。

1945年秋，刘先生以优异的成绩毕业，获得货币银行专业硕士学位，论文题目是《瑞典学派之货币理论与货币政策》。据研究所研究主任方显廷先生回忆，受1936年英国经济学家凯恩斯出版《就业利息和货币通论》后兴起的"凯恩斯革命"影响，1940年前后，研究生培养方向重点从实际领域诸如土地制度与改革、乡村合作、地方政府和财政转向经济理论与货币问题。这篇论文是他后来成为货币金融大家的奠基之作。论文指导老师是后来在北京大学任教的著名经济学家陈振汉先生。陈先生的妻子，同样毕业于哈佛大学的崔书香教授当时也在研究所任职，后来她先后在燕京大学和辅仁大学任教，1952年院系调整时转入中央财经学院（中央财经大学前身）。巧合的是，1953年刘先生从上海调入北京，在中央财经学院与崔书香教授成为亦师亦友的同事。硕士毕业前，刘先生曾想到国外大学攻读博士学位，然而并不富足的家境需要他尽快参加工作以补贴家用的现实让他打消了这个念头。毕业离开南开时，老校长张伯苓先生、经济研究所何廉和方显廷等诸位先生坚毅卓绝的办学精神已内化于刘先生心中。

1939年至1945年的六年间，刘先生以顽强的毅力和勤勉寻求到了学术救国、富民强国之道。他曾说过，那六年，他从很多博学多闻、古风

历史特色与文化传承 ●●●

犹存的先生身上不但学到了科学知识救国富民之术，而且深为先生们发自内心的爱学生、爱学术、爱国家的品格和精神所感染。尤其是马寅初先生的铮铮风骨，对他影响很大。

为准确了解刘先生在重庆学习时期的具体情况，我曾委托我的同事杨禹强博士查阅了中央财经大学和重庆市档案馆保存的刘先生的档案。档案中有一份当时在江苏省水利厅任职的大学同学丁星钰先生1952年提供的政审材料《关于刘光第情况的介绍》，这份材料写道："刘光第在大学读书期间，是同班中最用功的一个，平时不大过问政治，但在思想认识上是比较中肯的，为人颇富于正义感。例如，当时马寅初先生展开与四大家族的斗争所发表的言论，他是非常拥护和赞扬的，马先生被捕，他是非常愤慨与同情，及释放回到重庆歌乐山家中闲居后，他时常和一些同学去看马先生，同时也很希望马先生重回到重大商学院来领导青年、领导学习。只可恨当时反动政权不准许这样做，以免扩大影响，所以他当时很为马先生抱不平。他对马先生那种威武不能屈的人格，是极其钦佩的。"

亲历经济领域的"淮海战役"，为新中国金融事业的良好开端培养了最初一批宝贵人才

1945年9月，刘先生研究生毕业后，经所长何廉先生介绍，到重庆中央设计局货币银行组任研究员，并在沪江大学和重庆求精商业专科学校兼任教员。1947年8月，他离开重庆到上海，先后任上海证券交易所调查研究处统计室主任、上海中国经济研究所副研究员。1949年5月上海解放，刘先生于7月调入中国人民银行华东区行担任研究员、计划科科长，身处上海金融业接收改造的第一线，亲历了由陈云同志领导的"两白一黑"战争（大米、棉纱、煤炭战争）。此役大捷，被毛主席评价意义"不下于淮海战役"。刘先生用自己所学的系统经济金融知识，为迅速稳定财政金融和恢复经济秩序作出了重要贡献。时隔30年，当我进入大学读书时，刘先生还跟我们说起这场险象环生、惊心动魄的战役，他赞叹

55

陈云同志高超的经济领导才能，对国民党统治时期恶性通货膨胀、物价飞涨、民不聊生的状况深恶痛绝。在新中国成立之初的国民经济恢复时期，他满腔热情地投入其中，为朝气蓬勃的新中国建设倾注了全部热情和力量，特别是为新中国金融制度的建立贡献了自己的智慧和才华。这一时期，他还在上海《经济周报》兼任总编辑，在上海财政经济学院（上海财经大学的前身）兼任副教授，在《解放日报》《大公报》《中国金融》等报刊发表了多篇有关经济金融方面的学术论文，并出版了专著《货币管理》。他的著作和论文在学术界引起广泛关注，为新中国金融制度建立和货币金融管理提供了重要理论支撑。

1953年，新中国开始第一个"五年计划"的经济建设，金融事业发展迫切需要一大批专业干部，刘光第先生因其系统深厚的经济金融学理论功底和成功的金融实践经验，于当年3月调入北京，任教于中央财经大学前身之一的中国人民银行总行干部学校，担任政治经济学组长。先后主讲《货币制度和货币管理》《政治经济学》及《经济学说史》等课程，为新中国金融事业的起步培养了最初的一批宝贵人才。1958年，中国人民银行总行干部学校与中央财政干部学校合并成立中央财政金融干部学校，在此基础上，1960年成立中央财政金融学院，直至1996年学校更名为中央财经大学，刘先生一直在这所学校潜心学术研究，精心教书育人。即使在"文革"下放河南劳动期间，他在很困难的情况下也坚持学术研究，不忘初心，勤奋耕耘。在这一时期，他集中研究了苏联计划经济体制下的经济金融政策和实践效果，梳理了西方经济金融理论的成果，特别是紧密结合当时中国的经济金融状况，投入更多精力用于马克思主义政治经济学理论研究，其著述的《政治经济学》（资本主义部分）作为高等院校教材使用，出版印刷30余万册，还发表了多篇学术论文。这一时期的潜心研究和持续不断的深入思考，使他在"文革"结束后成为推动经济改革最有影响的第一批理论先锋之一，也是他后来给我们上课时深入浅出、纵横捭阖、引人入胜的重要原因。

改革开放浪潮中尽显峥嵘，卓越学术成就为富民强国贡献力量

党的十一届三中全会拉开了中国改革开放的大幕，刘光第先生虽年过花甲，但他像朝气蓬勃的年轻人一样，以极大的热情和勇往直前的精神投身于经济体制改革和金融体制改革的理论与政策研究之中，迎来了他学术创作的高峰期。在改革开放初期，我国理论界关于经济体制改革的研究出现一片繁荣景象，但许多问题争议很大，反对改革的声音也不小。刘先生以坚实的经济学理论基础，从客观的经济规律和社会发展的总趋势出发，论证经济改革的必要性和迫切性。从农村联产承包到城市经济改革，从改革试点到全面改革，从"计划经济体制"到"计划经济为主、市场经济为辅"，再从"有计划的商品经济"到中国特色的"社会主义市场经济"的论证中，刘先生都发表了他的创新性观点，是推动这些进程的重要经济学家之一。

面对改革开放后经济体制的重大转型，他以极大的理论勇气投入学术研究，新成果不断涌现。先后在《中国社会科学》《经济研究》《金融研究》《人民日报》《光明日报》等发表了几十篇学术成果，相继提出了宏观经济价值管理说、人民币价值基础说和金融市场发展战略论，在学术界、理论界和实务界中都产生了重大影响。例如，在货币信用的理论问题上，改革初期不少学者把货币信用问题作为一个部门经济来看待，认为国家对经济的管理主要还是要靠实物指标直接管理，刘先生特别论证了货币在经济管理中的地位与作用，在专著《论中国宏观经济价值管理》中提出了"国民经济货币化是我国经济体制改革的主线"及"宏观经济管理应由实物管理为主转向以价值管理为主"的观点，引起学界和决策部门的高度重视。宏观经济的价值管理首先是一种总量管理，其管理的目标是实现社会总供给与社会总需求的平衡。实行以价值管理为主，就是要把货币和货币资金的运动作为经济管理的主要内容，着力通过对货币和货币资金计划、分配和调控，间接地实现对社会生产、交换

和分配的调控。刘先生的宏观经济价值管理说强调了货币、银行在国民经济运行中的作用，为中央银行运用货币政策调控社会总需求提供了理论基础，对建立系统的中央银行间接调控体系发挥了重要作用。

再如，从计划经济走向社会主义市场经济，必然会有一个经济货币化的过程，在这个过程中要保持货币的相对稳定，就必须正确认识人民币的价值基础，而长期以来学术界对金币流通规律和纸币流通规律的解释是模糊的。1980年，刘先生与焦玉兰教授在《金融研究动态》上发表了《论纸币和黄金的联系》一文，明确指出"人民币价值的基础不是商品，也不是商品价格的综合指数，而是黄金"的核心观点。他们认为，纸币流通不能按纸币流通规律的作用进行，而必须按金币流通规律的作用行事；金币流通规律与纸币流通规律既有联系，又有区别；在纸币流通条件下要自觉地使纸币流通符合金币流通规律，以实现稳定币值，稳定物价的目标。1981年，刘先生将这篇论文进行了扩展和完善，由《中国社会科学》杂志公开发表，成为这一学术领域的经典文献。这一研究进一步清晰了人们对马克思货币理论的认识，丰富了货币理论，对经济宏观管理部门制定正确的货币政策和物价政策提供了理论支撑。

随着我国经济体制改革的逐步深入，20世纪90年代我国金融市场起步阶段，出现了许多令人担忧的问题。刘先生发表了一系列论文，如《当前我国股票市场存在的问题及股市发展战略选择》《关于发展中国证券市场的几个问题》《对发展我国金融市场的几点看法》等，提出应按照金融市场的发展规律，有顺序地发展我国金融市场体系，即优先发展货币市场，再发展资本市场；在资本市场中，应优先发展债券市场，再发展股票市场；在股票市场中，应着重发展与实质投资相关的一级市场，再发展二级市场，二级市场的发展应以提高证券的流动性、为一级市场创造良好环境为目的，而不应脱离一级市场单纯追求交易量；无论是债券市场还是股票市场，都应先发展现货市场，再有限制地开放期货市场。刘先生的观点在我国金融市场发展过程中起到了积极的引领作用。

1993年，他主持了国家社会科学基金"八五"重点课题《中国货币政策及其宏观调控体系研究》，对改革开放以来的货币政策理论和实践进行了系统研究，搭建了宏观调控体系的总体框架。

刘光第先生的经济思想是以货币金融为主线的。他对现代市场经济中金融的核心作用、货币稳定的内在基础、金融机构经营与实体经济的密切关联、资本市场发展的顺序与资源配置、经济金融体制的运行和宏观调控等方面的精深研究显示了强大的理论逻辑和真理性力量，是我们的宝贵财富。

在改革开放初期的十几年中，刘光第先生还积极活跃于各种学术论坛，他经常参加国家经济体制改革委员会、国务院发展研究中心、中国人民银行等组织的金融体制改革、货币政策、金融形势分析等方面的座谈会，是国家经济决策部门和改革的智库机构经常邀请的经济学家之一。20世纪80年代中国金融学会恢复活动后，他担任常务理事，1993年中国城市金融学会成立，他是首届的常务理事和学术委员会委员。他对经济改革和经济运行中的宏观政策特别是财政金融政策提出的重要建议，许多都被采纳，为中国经济改革与发展贡献了全部智慧与才华。

儒雅简静谦谦君子风，关爱学生关心学科浓浓家国情

作为中央财经大学最知名的教授之一，刘先生身上传承着中国优秀知识分子特有的儒雅、简静和谦逊的气质，温润如玉又有风骨。

关于刘先生的为人，杨禹强博士在中央财经大学档案馆保存的刘先生档案中看到一份政审材料，是他的故交、南开大学钱荣堃教授在1957年1月提供给单位的。这份《关于刘光第同志的某些情况》中是这样评价的："刘光第在重庆大学和南开大学研究所学习期间比我低一级。根据我的了解，他是一个好学不倦、不问政治、自命清高、自以为超越政治超越党派的知识分子。他不喜欢也不善于钻营，不善于逢迎，在旧社会没有得到什么好处。他的作风也比较正派，有人说他是老夫子。"

这位他同学眼中的"老夫子"，在"文革"结束改革开放之初，面对着强烈渴求知识的我们，像许多重获自由的老师一样，恨不得将身上所

有知识一下子都传授给我们。我1979年来北京读书时，他给我们上《政治经济学》和《中国社会主义经济理论》课程；研究生阶段，他讲授《中国经济改革专题》。他的课学理性和思想性都很强，可以感受到他对中国经济改革的强烈责任感。他的教学方法不是照本宣科，而是启发学生思考问题，对教学中的一些难点，总是鼓励和引导我们多发言，大胆表达自己不同的观点，课堂上气氛活泼，效果很好，很受同学们欢迎。课余时间，像那些重庆大学和西南联合大学的先生一样，他经常来学生宿舍看望我们，特别愿意与那些爱学习、爱思考的同学探讨学问和人生、社会问题。当时的学术气氛很浓，同学们对改革开放都充满了极大的热情。

那时的中央财政金融学院校舍还没有完全收回，条件非常艰苦，友谊楼东侧那间能容纳200人的第一教室排满了一场接一场的学术讲座，推动经济改革的第一代经济学人大多都在此做过讲座，有薛暮桥、陈岱孙、于光远、吴大琨、刘国光、张卓元、杨培新、刘鸿儒、吴敬琏、厉以宁等，也有一批活跃的中青年学人。除他自己演讲、主持或点评外，刘先生每次都坐在第一排，笔记本上记录的密密麻麻。那时，刘先生已是国内最有影响的经济学家之一，但他仍保持着谦谦君子风。他在发表自己意见的同时，也非常注重倾听其他专家的观点，不但对同辈学者的观点极为尊重，而且对年青一代学人的观点更为关注，不时流露出赞许的目光。

刘先生非常关心学生成长，在同学中有口皆碑。在我的成长过程中，刘先生给予了特别的教导和鼓励。在学习他的课程时，他还组织了一些小组讨论，我是参加最多的学生之一。1981年，李克穆、何绍华等1978级师兄发起组织了复校后的第一次论文竞赛，由学生组成的组委会对提交的论文进行初评，然后由学校的著名专家复评，我的论文就是刘先生评阅的，成为6篇获奖论文之一，并被刚刚创刊不久的学报正式发表。在读研的三年时间里，由于我们第一届研究生只有财政学和货币银行学两个专业6个学生，刘先生对我们的关心指导就更多，他还经常约我们到他家讨论问题。那时，经常有崭露头角的年轻学者从全国各地前来向他求教，后来成为中国人民银行总行金融研究所所长的秦池江、曾任西南财经大学校长的王裕国、曾任中国人民银行货币政策司司长的戴根友等就是我在他家中初次相识的。1986年我研究生毕业后留校任教，同时借调到国务院发展研究中心做咨询研究，与刘先生一同参加学术活动的机会就更多了。1992年我评教授时，他是我的推荐人之一，对我的嘉许和奖掖至今激励着我不懈奋斗。他的学术和为人，令我极为钦佩。

刘先生十分关心学科的发展。他经常说，一所优秀的大学必须有一流的师资、一流的学生、一流的学科，西南联大在那样艰苦的环境中办学，之所以誉满全球，原因即在于此。由于中央财政金融学院复校时只有财政、金融、会计这三个专业，刘先生在当时的政治理论教研室。他多次呼吁扩展学科，特别是理论经济学科。他认为，没有理论经济学的支撑，应用经济学很难达到一流水平。他多次与闻潜、孙开铺、汤国君、张淳等教授，还有陈昭和我等商议，向学校提出建议成立经济系。认为中央财政金融学院的前身中央税务学校和中央财政学院在1952年全国院系调整时，与北京大学、清华大学、燕京大学、辅仁大学这四所大学的经济系科合并成立的中央财经学院，当时的理论经济学是全国最强的，形成了很好的理论经济学传统，有坚实的基础，应该尽早建设理论经济学学科。由于当时校舍还没完全收回，条件实在不允许，迟至2000年承担理论经济学科建设任务的经济系才得以成立。可以告慰刘先生的是，经过近20年的建设和发展，学校的经济系已发展成为有重要影响的经济学院，一大批潜力巨大的青年经济学家正在迅速成长。

虽然刘先生的故交钱荣堃先生评价他"不问政治"，但那是指在特殊的年代和环境中，其实刘先生内心深处始终激荡着浓浓的家国情怀。我校文化与传媒学院王强教授在《斯人风景旧曾谙——中财大几位名师小记》中曾提到，"在20世纪80年代，刘先生与我们一些年轻人一样地指点江山，激扬文字。90年代初，小平同志南方谈话传达后，先生同我说，中国共产党就是伟大，小平同志就是英明。"

尾声

1996年4月2日下午，刘先生在他工作的书桌旁突发心脏病，经抢救无效，永远地离开了我们。书桌上面的大稿纸上呈现的是他刚刚完成的《中国货币政策及其宏观调控体系研究》书稿的最后一页，稿纸还散发着墨水的清香，钢笔的笔帽还没有插好。在八宝山第一告别室举行的追悼会上，闻讯从四面八方赶来的亲朋好友、专家学者、青年学生、领导同事排成了长长的队伍，在悲伤的哀乐声中，一一向这位面容安详似酣睡的赤子做最后的道别……

今年初，我和几位同志一同去看望他的夫人郭凤琛阿姨，她仍住在学校家属院6号楼，这栋楼是20世纪80年代初盖的，当时叫"教授楼"，其实每户建筑面积只有70多平方米。刘先生在世时，我经常去他家。家中的陈设基本没变，特别是那间书房完全保持着刘先生生前的样子，紧挨窗台的书桌还放在那里，桌上的台灯仍在，接待了许多学生及从各地前来拜访的青年学者及亲朋故交的沙发还是那样摆放着，那些铅字印刷已尘封了21年的珍贵书籍还是满满地排放在靠墙那一排老旧的书柜里。郭阿姨用这种方式怀念刘先生，保存他们温馨的回忆。当我说起学校想整理出版《刘光第全集》和《刘光第学术人生画册》以纪念先生百年诞辰时，郭阿姨说，刘先生在世时经常说到大家对他的关心，他心里很感谢大家；他去世后，你们还出版了他的《经济学文集》，就不要再搞纪念仪式了，他不愿给大家添麻烦。

一生探求民富国强之道，爱学生、爱学术、爱国家，这是刘光第先生留给我们的共同财富，我们永远怀念他！

2017年5月19日

历史特色与文化传承 ●●●

师表群伦　薪火相传 ①

　　王传纶老师获得"中国金融学科终身成就奖"是实至名归，作为黄老师、王老师的学生，我感到激动和自豪。我自1991年攻读博士学位开始，一直受益于他们的教诲，王老师曾对我说过，1952年院系调整时，他与陈岱老和北大经济系的部分老师一起来到刚成立的中央财经学院任教，这更增加了师生的亲近感。20年来，我始终与黄老师和王老师保持着密切的联系，我在学术上和工作上的每一点进步都是与他们及其他老师的关心、指导分不开的。作为学生，我从王老师身上感受最深、也是终身受益的有以下三点。

　　一是王老师的大师风范和人格魅力对我们影响至深。

　　一想起王老师，他那笑容满面、温文尔雅的形象就出现在我的脑海中，他的言行举止，体现着中西方文化的精髓。从容、谦和、达观、淡泊名利、宁静致远、宽容、自由、民主、平等、博爱，这些非常美好的词语，都十分贴切地集中在王老师身上。我觉得在他的身上仿佛有着一股强大的磁场吸引着我们，他的睿智和亲和力，就像一道

---

① 2011 年 12 月 30 日在 2011 年度中国金融学科终身成就奖颁奖典礼暨中国金融学科发展论坛上的发言。

63

阳光穿透你的心灵。不论什么人，在他的身边都能安静下来。我自己就有这样的体会，有时遇到烦心事，一想起王老师，马上就能心平气和下来，烦恼也就烟消云散了。王老师这样的人格魅力，在当下浮躁的社会中，弥足珍贵，熠熠生辉！他和黄老师在我的心中，都是高山仰止，景行行止。

二是王老师的学术思想对我们的指引和启迪受益终身。

正如颁奖词中提到的，王老师是我国经济理论界公认的宗师之一。他学贯中西，思想深邃，满腹经纶，视野宏阔，始终坚持立足中国本土，"将马克思主义的基本理论与西方经济学的科学成分结合起来，分析解决中国问题"，他把西方经济学理论中国化，把中国经济社会实践理论化、国际化。他针对我国财政金融改革实践提出的真知灼见，有力地促进了我国财政金融理论和实践的发展；他是我国开展"资金流量分析"研究的首倡者；在学术研究中，他对"史"的重视，特别是经济史和经济思想史的研究，达到了极为精深的程度。我自己在考博之前，曾认真研读过黄达、王传纶、周升业、陈共等老师们的书，尤其是1991年王老师的《西方财政金融思想发展》一书出版后，我马上就认真研读，学到很多，留下极深刻的印象。王老师的这本书和陈岱老的《从古典经济学派到马克思》及黄老师的《财政信贷综合平衡导论》等，都是经典之作。他们的书不厚，但内容丰富，观点鲜明，条理清晰，言简意赅，对我影响深远。王老师在讲述政府与市场的关系时曾比喻为"船长与船上自动控制系统"之间的关系，既形象又深刻。黄达老师曾用"真有学问，有真学问"这8个字评价王传纶老师。像陈岱老、黄老师和王老师等老一辈学者的著作，真是让你百读不厌，越读收获越多，不像现在的一些学者专著，书越写越厚，但给人的启发越来越少。

三是王老师对学生的精心指导和师生情谊使我们感到无比温暖。

在我求学生涯当中，博士期间是我最享受读书乐趣的一段。虽然当时工作也忙也苦，但参加每月第一周周一下午的学术漫谈给我带来精神上极大的愉悦。人民大学财政金融学院1991级的博士生有4人，财政学是高培勇和王军，金融学是洪崎和我。财政学的导师是王传纶老师和陈共老师，金融学的导师是黄达老师和周升业老师。当时4位导师和我们4个学生每月固定一次上课和讨论，不久黄达老师1992级的博士生陈雨露和先于我们入门的博士生李焰、刘振亚也参加进来。那样的上课和讨论真是享受，一次刚结束就盼下一次，当时的情景现在仍历历在目。特别令我们感动的是，王老师每每批阅我们的文章、指出我们的不足或遇到不同的见解时，总是洋洋洒洒写好几页纸，令人动容。我一直保留着黄老师给我指导论文和王老师给我论文写评语时提出的那些真知灼见。工作后，我也试图按照黄老师和王老师、周老师、陈老师他们的做法指导研究生。几位老师所指导的学生中很多人在学术界和业界都取得了很好的成绩，这与老师们的悉心指导与无私关爱是分不开的。

现在我经常有机会参加一些不同群体、不同层次的聚会，但我最高兴的是参加人民大学财政金融学院几家师门的聚会。我们师生、同门在一起，就像过节似的，能有这样的师生情谊，我想应该是与黄老师、王老师等老师们对我们这些学生的大爱和无形身教分不开的。在感到温暖的同时，也激励着我们去不懈努力。周慕冰师兄在黄老师颁奖典礼上的发言指明了我们努力的方向，"我们永远不可能做得像老师们那样好，但是我们会努力像老师们那样去做"。

大美大爱　激励后人 ①

姜维壮教授是我国著名财政学家，这是我20世纪70年代末到北京读书时即知道的。而姜教授还特别善于写诗，则是在晚了十多年后才知道。

先生50年代留学苏联，在莫斯科财政学院攻读财政理论和比较财政管理，1957年毕业，获得经济学副博士学位。回国后他即致力于中国财政理论、制度建设、财经管理等领域的学术研究和人力培养工作，成为新中国财政学科的重要奠基人之一。先生的学术成果以"严谨、精思、求实"著称，特别是在比较财政学研究方面，引领了国内学术发展的方向，在国内外产生了重要影响。

姜教授是我非常尊敬的老师。大学时，我曾听过先生精彩的讲座，读研究生时，先生亲自给我们讲授《中国财政理论研究》。先生讲课，旁征博引，见解独到，深受同学们欢迎。先生的人格魅力，对学生影响甚深，学生都对先生怀有深厚的感情。

在整个90年代的10年中，我同先生还是邻居，同住在"非典"期间四海关注的皂君东里29号楼的7层。近水楼台，我有机会经常向他请教，师生情谊更加深厚。我女儿平平有几年常去姜爷爷家看先生养的小猫，

---

① 姜维壮教授《荣辱诗选》序，民族出版社2006年4月出版。

姜爷爷给了她许多的关爱。稍大一点，姜爷爷还经常过问她的学习情况，时时关心她的成长。

1997年，先生的诗集《撷美诗稿》出版，先生签名送与我和李健一本，我几乎是一口气读完，先生的精诚和才华令我感佩，而先生的精神更催我奋进。十岁的女儿也好奇而似懂非懂地读了姜爷爷的诗作，她对这位和蔼可亲的姜爷爷更加崇拜。

《荣辱诗选》是先生的第二本诗集，是先生从其诗稿中精选一百首而成，分序诗、为荣、弃耻、壮志四篇。先生以诗的形式记录对人和事物的所见所想，赞颂美好生活，鞭笞丑陋现象。读读这些诗，可以加深了解先生这一代知识分子对国家、民族和人民的赤诚热爱，对理想和信念的坚定执着，从而激发青年学子更加勤奋学习，乐观向上，陶冶情操，健全品格，树立正确的荣辱观，努力成为德智体美全面发展的人才。

我特别高兴将这本诗集推荐给青年朋友们！

尚有清风存世间 ①

今天参加这个研讨会心情很复杂。见到了很多的老领导、老前辈和老朋友，心里感到非常亲切，看到"纪念尚清同志"的条幅和气氛严肃的会场，心里又很难过。想到尚清同志这么一个才华横溢的著名经济学家，为我国的经济理论建设和改革开放作出了那么巨大的贡献，在那个年龄，身体又非常好，怎么突然就英年早逝了呢，真是非常可惜。有时说到某某去世是一个损失，大多不过是表达对逝者的尊重，而尚清同志的去世真的是我国经济学界的一大损失，也是我们国家的一个损失。这样说一点不为过。

我在1986年研究生毕业之后，曾经在国务院发展研究中心的宏观调节组工作了3年多。1982年8月，国务院（国发〔1982〕113号文件）同意并转发了国务院经济研究中心给国务院的报告，将中央财政金融学院列为中心的一个参加单位。在我之前，钱中涛等同志已在中心工作过。虽然当时是借调，关系还在中央财经大学，但我那段时间是天天来上班的，研究任务也很重。杨培新先生、佐牧先生、陆百甫主任，还有曾浩然、金人雄、王大树、赵林如、郭亚洪、唐明峰等同志当时就在这

---

① 2010年8月28日在纪念孙尚清诞辰80周年暨加快经济结构调整学术研讨会上的发言。

个组，徐雪寒先生、马宾先生也经常来组里指导工作。我们组工作的那个房间与泊溪同志他们组工作的房间不远，与小济同志他们的对外经济组是隔壁。在那段时间，我听过孙先生多次讲话，他深邃的思想、敏锐的观察力、对听讲人的感染力令我非常敬佩，知道了大家是怎么思考问题的，大家是怎么讲话的。尚清同志对我们年轻学者很关心，我刚到没几天，有一次他去我们屋里时还详细问了我的情况，大树同志告诉他我的关系还在中财，尚清同志说争取尽快调过来，这样工作更专心。我说也在这里工作过的钱中涛同志刚任校长，他希望我两边兼顾，过几年再说。那段时间，在杨培新、佐牧、陆百甫等同志的领导和带领下，我参加了不少专题的调研和报告的写作，学到了很多东西。由杨培新先生主持并与王大树和我写的关于金融保险体制改革等方面的调研报告和文章，陆百甫先生主持并与王大树、郭亚洪和我写的关于财政改革和治理通货膨胀等方面的研究报告，都受到马洪、尚清同志的肯定。我离开中心时专门向尚清同志报告，说学校有任务要我回去。他想了一下，说既然这样，那你就先回去好好工作两年，然后正式调过来，到时我给中涛同志说。尚清同志的关心和认可令我特别感动。1991年我申报"社会主义经济发展中的周期波动理论及经济政策"的课题时，和唐明峰同志去向尚清同志请教，并请他给写一份推荐书。他听了我的研究设想后说，这个问题很值得研究，对政策制定有实际价值，并指导我说西方学者的长周期短周期理论只能作参考，不能作依据，中国现在刚刚进入快速发展阶段，因为我们起点低，这个阶段会持续很长，与西方国家发展的周期划分和长短阶段会有很大不同，要紧扣我们的国情和现实。他很高兴地答应了为本课题写推荐意见，还说了一些鼓励的话，又一次提起要我尽快调过来，我当时特别感动。这个课题的成果《中国经济增长波动与政策选择》一书后来还获得了北京市哲学社会科学优秀成果奖。对孙尚清先生，我一直怀有崇敬和感激之情，他睿智、风趣、风度翩翩的大学者形象一直在我的心中。14年前我参加了尚清同志的遗体告别仪式，当时非常伤心。

大学的理念与中财特色

另外我想表达一下，我在国务院发展研究中心工作了三年，学到了很多东西。第一，扩展了研究经济问题的宏观视野。我们读书时，比较注重知识体系、基本原理和一般分析，宏观分析还只是理论模型。到发展研究中心就不一样了，宏观分析马上变得具体起来，并且与全球经济相联系，研究视野迅速拓宽。我们在读书期间也写过文章，那是不一样的。第二，对国家发展的密切关注，研究要有用，理论不能脱离实际。最尖端的理论实践起来也最简单。看大家做研究，从现实中敏锐地发现问题，在调查研究的基础上提出解决方案，以国家的快速发展、经济社会的良性运转和全民整体利益的最大化为依归点。像吴敬琏老师、杨培新老师、陆百甫老师等，他们的研究都有很深的理论，但与现实问题相结合，研究结论和政策建议却很简明，写东西就是不一样。我对这点感受非常深。第三，研究问题的科学精神，还有对国家和民族发展强烈的责任感，都使我感受极深。我非常感谢发展研究中心，对中心的前辈、领导和同事们怀有深厚的感情，为大家取得的成就而自豪。

我从中心回来后，一直在中央财经大学教书，也做管理工作。虽然大学里的研究和教学主要还是知识性、原理性、学术性的多，但我在中心学到的理论联系实际的具体研究方法和关注现实、为国家发展服务的责任感，也带到了讲课和指导学生的过程中。所以，在中心的三年是我人生中很重要的一段时间。我今天看到这么多熟悉的前辈、领导、朋友们，心里感到非常的亲切。平常我也很关注中心的同志，见到同志们的书、文章，我都会及时拜读，在电视上看到同志们的讲演和出席各种活动，也都非常兴奋。偶有老中心的人相聚，他们说广谦也是咱们中心的人，我感到很高兴。在此，我对中心的老领导、前辈和同事们对我的关心、指导和帮助表示衷心的感谢！祝大家工作顺利、健康长寿，学术之树常青！

今天，我们在这里纪念尚清同志80诞辰，我想，重要的是继承尚清同志的思想，把他的精神传承下去，这应该是对他最好的纪念。我们会永远怀念尚清同志！

历史特色与文化传承 ●●●

校友力量是母校发展的牢固基石 ①

　　感谢大家在百忙之中从海内外赶来出席第五届校友代表大会，参加庆祝建校65周年的各项活动。校友们在一起畅叙昔日情谊，共话未来发展，大家对母校浓浓的牵挂和眷恋之情已洋溢在会场内外。

　　各位校友，我们学校的校友会成立于1989年，1994年正式在民政部登记注册，首任总会会长由王柯敬校长担任。25年来，在海内外校友共同努力下，校友会不断发展壮大，为凝聚校友与母校之间的情谊，促进母校与校友事业发展，推动母校与社会各界合作，发挥了十分重要的作用。借此机会，让我们以热烈的掌声，向王柯敬会长卓有成效的领导、第四届理事会及历届理事会成员和总会工作人员的辛勤付出、海内外校友的大力支持致以诚挚的敬意和衷心的感谢。

　　今天，大家推选我担任新一届校友总会会长，对大家的信任，我深感责任重大。校友会是增进校友与母校情谊的桥梁和纽带，宗旨是全心全意为校友服务。我们愿意尽我们所能，为海内外10万余名校友提供力所能及的服务。同时，校友会也是校友之间沟通联谊的平台，可以将不同班级、不同年龄、不同行业、不同国别的校友团结在母校这个温馨友

———————————

① 2014年10月18日在校友总会第五届校友代表大会上的讲话。

爱的大家庭里。在这个大家庭里，大家可以相互沟通信息，分享成败得失经验与感悟，共同携手助益各自事业的发展。校友会所有工作应该以校友为中心，通过服务和凝聚校友，促进校友事业和学校事业向前发展。

刚才听着梁勇同志向大家作上一届理事会工作报告，让我很感慨，思考良多。我们学校历史不长，规模一直不大，校风质朴，师生平常接触交流很多，所以情谊很深，有很强的凝聚力。毕业后，大家对大学生活的点点滴滴都有美好的回忆，惦念着母校的发展，总是想方设法通过参与人才培养、学术研究、设立基金奖教助学、捐资校园建设等多种方式表达对母校的关心和支持。除了这些之外，在学校发展的关键时刻，如划转教育部管理、进入"211工程"重点建设学校行列等，都有老一辈校友们倾力襄助的身影。校友们对母校这种深切的爱，总是希望能为母校做点事的强烈愿望和无声行动，让我非常的感动。怎样才能一直维持并增进校友与母校之间这种深切的关系，是我经常思考的问题，也是我们校友会工作的出发点。

校友力量是母校发展的牢固基石。越是好的大学，校友工作做得越好，这在美国一流大学体现得特别明显。21世纪以来，中国大学越来越重视校友工作，将它视为学校教育教学工作的延续与拓展。通过加强与校友们的联系与沟通，可以更多地了解到学校的教育理念是否在校友身上得到了实现，人才培养环节还存在哪些不足，以便学校更好地改进工作，做到精益求精。学校和老师们总是想知道离开校园后大家事业发展得怎么样，日子过得好不好，我自己就有这样的感受，每当听到校友们取得进步的消息，就感到特别的高兴；偶尔听到有的校友不好的消息，就觉得特别的难受和惋惜。其实，每一位校友都是母校形象的代言人，校友们在各自工作岗位上尽职尽责，发挥出色，都会给母校增光添彩，母校都会为校友们感到骄傲自豪。所以，我特别希望我们每一位校友能充分利用在校期间学到的本领，发挥聪明才智，把事业做好，营造和美生活，保持身心愉悦。只有校友们事业发展了，才有可能为母校持续发展提供有力的支持。

历史特色与文化传承 ●●●

我们中财学生是很优秀的，本科录取分数在全国排在前列，老师们经常有"得天下英才而教育之"的骄傲感。正因为进入中财的同学们都是同龄人中的佼佼者，又接受了优质的高等教育，所以，毕业进入社会后，应该比同龄人承担更多的社会责任，努力做到"立己达人"，为国家富强和社会进步发挥更大作用。当校友们事业有成，有了更多的能力和财富，希望回报社会时，我希望校友们能够尽可能多地关注和支持教育等社会公益事业。在资助教育事业发展时，首先应该想到母校。在现代社会，要想创办一所在世界范围内有重要影响力的大学，需要大师，需要优质生源，需要文化传承，也需要源源不断的资金支持。这些年来，我们学校在资金并不很充裕的情况下，能够克服困难推进沙河校区建设，除了国家关心和支持外，也得益于校友们和通过校友们联系的企业鼎力支持，慷慨解囊，捐赠资金达1.6亿多元，为学校教育事业健康稳步发展作出了很大贡献。借此机会，请允许我代表学校，衷心感谢校友们和社会各界对学校的关心和鼎力支持。也请大家放心，学校一定会按照捐赠人的意愿将各类捐赠款用好。

各位校友，几代中财人以过硬的专业知识、良好的综合素质、强烈的社会责任感和拼搏创新精神，在国家经济社会发展中发挥了担纲扛鼎的作用，为母校赢得了崇高的声誉，铸就了不朽的丰碑。如今，我们中央财经大学已经站在新的、更高的平台上，进入一个关键时期，如何将母校建设成为特色鲜明的国际名校、永葆基业长青，是我们共同的关切、共同的责任。让我们齐心协力，发扬自强不息、追求卓越的优良传统，为实现"中国梦"和世界更加美好尽一份心、出一份力、添一份彩！

最后，衷心祝愿遍布在海内外的每一位校友健康快乐，家庭和美，事业有成！母校永远是中财校友的精神家园，是中财校友永远的支持力量！

财经情　书之谊 ①
——祝贺中国财政经济出版社成立 60 周年

今年8月，中国财政经济出版社（以下简称财经出版社）将迎来60岁的生日。"五一"节前的一天，李乃君先生电话告诉我，他们正在策划出一本书，约一些读者、作者和联系密切的单位写一点与财经出版社60年历程相关的纪念性文字，以此庆祝出版社成立60周年。乃君先生早在1998年就获得国家新闻出版署"全国优秀中青年编辑"称号，2010年被评为全国新闻出版领军人才，是学者型出版工作者。他既是财经出版社的总编辑，又是我熟悉的朋友，盛情难却。

财经出版社是新中国设立最早的财经类出版社。60年来，传播和积累了极为宝贵的财经知识、理论和思想，为经济建设和财经工作提供了强大的理论支撑。经济学人的研究成果通过这个宽广的平台得以迅速传播，一代代青年财经人才在这一平台上汲取营养，茁壮成长。伴随着中国经济、社会的快速发展，出版物的涵盖范围也不断扩展，出版物的质量和影响力不断提升。如今，中国财政经济出版社不但在国内享有"实力最强的财经类出版名社"的声誉，而且在国际上的地位和影响力也与

---

① 选自《根深叶茂　事业长青》，中国财政经济出版社 2016 年出版。

历史特色与文化传承 ●●●

日俱增，其卓越成就值得载入史册，激励后人。

我是20世纪70年代末期来北京读书的。当时的出版物不像现在这样多，似有可以把所见书籍都能读完的感觉。虽然读书较杂，但由于学的专业是财经，财经类书籍自然不会轻易放过。那时就知道，中国财政经济出版社经常会有好书出版，所以周末经常去位于东城区大佛寺附近的财经书店。我们学校的位置在西直门外皂君庙，骑车到书店大约要一个小时。每次都是满载而归，甚是高兴。在我几十年的阅读生活中，中国财政经济出版社的出版物占了很大的比例。在20世纪财经出版社出版的图书中，给我启迪最多、影响最大的有以下几类：一是具有教材性质的知识类读物，如80年代初期出版的《社会主义的银行工作》《社会主义经济中的货币与货币流通》《综合财政计划简论》《国家预算》等；还有一本江其务先生的《工商信贷管理学》，这本书我在《怀念江其务先生》一文中曾经提到过，高考恢复后最初几届学经济的同学大都学过这些书。二是高水平的学术著作，如于光远先生所著1988年出版的《中国社会主义初级阶段的经济》、吴敬琏和刘吉瑞先生所著1991年出版的《论竞争性市场体制》等，这两本书在20世纪末都被评选为"影响新中国经济建设的十本经济学著作"之一。还有更早出版的马寅初先生的《我的经济理论、哲学思想和政治立场》。第三类是翻译出版的国外精品图书，其中影响很大的有莱·威·钱德勒的《货币银行学》和弗里德曼的《弗里德曼的货币理论结构——与批评者商榷》，还有西方学者所写的《经济学》等，这是我们这一代学生了解西方经济金融最初的著作。还有一类更是扩展了我们的视野，这便是财经出版社与联合国、世界银行、国际货币基金组织、世界贸易组织等国际机构合作的出版物，如1982年开始引进出版的世界银行《世界发展报告》和国际货币基金组织《金融与发展》，1989年开始出版的《世界银行年度报告》，1999年开始出版的联合国的《贸易与发展报告》《世界投资报告》，2003年开始出版的世界贸易组织的《世界贸易报告》《国际贸易统计》等。这些书成为我们了解世界的快捷窗口，也使我们的研究及时向全球扩展。这些图书早期的版本基本上都是在财经书店购买的，其中不少现在还放在我的书架上。看着这些书，还能引起温馨的回忆。

20世纪八九十年代，我主持的两项课题研究成果《中国证券市场》和《中国经济增长波动与政策选择》，以及与陆百甫、王大树先生共同编著的《通货膨胀问题研究》，与周升业先生共同主编的教材《金融市场学》等，都是在财经出版社出版的。在东城区大佛寺东街8号出版社新建的办公楼里，我们与张立宪、文明、袁中良等出版社优秀的编辑们有多次的切磋和交流，他们严谨、规范的科学精神，精细、高效的工作态度，对读者、对社会的高度责任感，至今令我感怀。

我所服务的中央财经大学和财经出版社有非常密切的关系。学校的前身是新中国成立初期由中央人民政府创办的中央税务学校，历经中央财政学院、中央财经学院、中央财政金融学院等发展阶段，于1996年更名为中央财经大学。期间除1952—1953年国家对高校进行院系调整时期的中央财经学院由高教部管理外，在2000年体制改革之前的50年间，都是财政部的直属高校。即使在划归教育部之后，财政部仍然对学校十分关心，并在2013年，教育部、财政部、北京市共同签署了"两部一市"共建中央财经大学的协议。财经出版社成立至今的60年间，除20世纪60年代短暂的一段时间由国务院财贸办领导外，也一直是由财政部主管。因此，在两家的历史上，曾有很长的时间同是财政部的直属单位，业务联系非常紧密。学校的老领导曾经说过，在20世纪80年代高校普遍成立出版社时，财政部领导也曾想把一个指标给学校，后又考虑财经出版社与学校的关系很密切，双方合作效果更好。这也是学校至今没有成立出版社的主要原因之一。几十年来，出版社和学校一直保持着密切的合作，如经常联合举办学术研讨会、出版选题座谈会、新书出版推介会等。财经出版社对学校师生的研究成果和教材出版给予了大力支持，特别是对学校一批著名经济学家论著的出版，更是投入了很大精力。例如，20世纪80年代刘光第先生的《社会主义政治经济学原理》《社会主义初级阶段政治经济学》，张淳先生的译著《欧美财政思想史》等；90年代

历史特色与文化传承 ●●●

闻潜先生的《中国经济运行与宏观调节》《闻潜经济学文集》，姜维壮先生的《当代财政学主要观点》《中国分税制的决策与实践》，侯荣华教授的《宏观经济管理学》；等等。这些著作在经济学界都产生了很大影响，也有力地支持了我校财经类专业的博士点建设。财经出版社对学校中青年学者成果的出版也给予了很大帮助，促进了他们的成长。

在20世纪80年代财政部代表我国政府与联合国开发计划署和世界银行建立最初联系时，财经出版社和中央财经大学都作出了积极的努力。80年代初，出版社就开始了世界银行图书中文版的出版工作，1989年正式成为世界银行出版物的中国发行总代理。1999年，财经出版社开始成规模地出版联合国的出版物。国际机构出版物在中国的出版发行在经济界、政界和学界都产生了重大影响。1985年世界银行出版局、财政部人事教育司、财经出版社商定在北京联合举办"世界银行图书展览"，并把承办的任务交给了中央财经大学的前身中央财政金融学院。10月22日图书展览在民族宫开幕，四方的领导和代表出席了这一重要的活动。1983年，国家经济贸易委员会、财政部与联合国开发计划署和世界银行在北京签订了"经济管理与项目计划培训项目"文件，该项目由联合国开发计划署和世界银行联合出资、世界银行执行、财政部实施。项目由世界银行通过经济发展学院协同财政部人事教育司和中央财政金融学院合作完成，中央财政金融学院为项目扩大培训计划的合作机构。1983—1985年的3年间，这个项目在中央财政金融学院举办了10期，有360多名中高级经济管理人员和部分骨干教师参加了学习，取得了良好的效果。在项目实施的过程中，财经出版社给予了大力支持。1986年10月，财政部在学校建立了"财政部院校图书资料中心"，1988年1月财经出版社与学校共同成立了"世界银行外文版图书服务中心"。2012年10月，中央财经大学和财经出版社签署了战略合作协议，建立"中央财经大学—中国财政经济出版社联合教学科研实践与人才培养基地"。

在财经出版社优秀的领导和编辑团队中，有不少中央财经大学的校友。20世纪70年代初，学校著名教授、时任财政系主任的沈云先生调到

77

财经出版社任财政编辑室主任，后来担任出版社副社长直至光荣退休。1991—1997年财经出版社社长毕朝英是学校财政专业1962级的校友。出版社著名编辑文明、袁中良也是60年代的校友，他们的学术水平和业务水平都很高，编辑出版了一大批高质量的财经书籍，袁中良还是首届"全国百佳出版工作者"之一。改革开放后毕业的校友也有很多在财经出版社工作，如曾任财经出版社副总编辑、现任中国财经出版传媒集团总经理的郭兆旭，现任财经出版社副总编辑的赵力，在相当长时间担任财经出版社编辑室主任的刘景梅等。

由于两家特殊的关系和在长久密切合作中结下的深厚感情，在中央财经大学师生的心目中，财经出版社就像自己的出版社一样亲切，值得信赖。

时光荏苒，60年时代巨变，财经出版社经过一个甲子，旧貌换新颜，以60年辉煌业绩，在出版行业中成为"中国经济社会飞速发展记录者、助力者和引领者"。我作为一个受益者，在财经出版社60华诞之际，专此送上由衷的敬意和美好的祝福！

历史特色与文化传承

架起金融文化传播的桥梁 ①

——祝贺中国金融出版社成立 60 周年

2016年4月18日，《中国金融》杂志社的优秀青年编辑许小萍女士告诉我，中国金融出版社今年成立六十周年，为此《中国金融》准备出一期专刊，并约我写一篇文章，希望5月10日前给她。我当即意识到，这个约请不应推脱，应该向使自己受益多年，既是所学专业又是工作领域内的专业出版社表示敬意和祝贺。但接受任务是一回事，能否完成任务是另一回事。我20世纪70年代末来北京读书，金融出版社是我最早熟悉的出版社之一，后来的联系也一直比较密切。但写一篇与社庆相关的文章，还是需要对一些熟悉的和感动的人和事进行回忆和梳理。而回忆与梳理是需要时间的，且最好是集中的时间，哪怕是短暂的。不巧的是，近期的事情实在是多。尚未着手，两周的时间就过去了。5月3日，收到许编辑"文章这周可以给我吗"的提醒短信，心里很是着急。推开手头的工作，想了一会，不能厘清思绪。看来剩下一周的时间难以完成了。不能耽误杂志社的大事，便回复给她："原想'五一'这几天写一下，又被其他事占了。时间太紧，写不了了。抱歉！"她回"好遗憾啊"。虽然

———————————
① 选自《中国金融》2016 年第 10 期，刊发时对起始部分作了删减。

任务可以解除了，但并未感到轻松，因为我还没有接了任务未完成的经历，特别是面对一个很有才华的年轻编辑。

没想到的是，不写压力更大，这几天感觉更甚。特别是想到金融出版社六十年来作出的巨大贡献，我个人也受益良多，且又有那么多我所尊敬和熟悉的领导和朋友，心中的不安更难平复。

又到一个周末，是"五一"节后的第一个。这两天的时间好像还可以。想一想，我还是把接受又推掉的事情做了吧。不为别的，只为自己心安。

读者对出版社的了解和联系基本上都是从购买和阅读出版社出版的书籍开始的，我也是如此。小时候读书，只知道书，不知道书的作者，更不知道作者背后还有出版者。即使那些极为精彩并给你很大影响的书，也不知道作者是谁，更别说书的出版者。读书的同时也关心作者和出版者，记不清是从什么时候开始的。比较清晰的是，我读大学时便能把书、作者、出版社联系在一起了。因为那时已知道好书出自大家，让大家的好书与读者见面的是富有远见卓识的出版社。

金融出版社是金融领域的专业出版社，也是影响很大的经济类出版社之一。我大学读的专业是金融学，最初学习的教材和金融类读物有很多就是金融出版社出版的。这些书的作者既有金融界很有影响的大学者，也有中青年学者中的佼佼者。在20世纪八九十年代金融出版社出版的书籍中，黄达先生的《财政信贷综合平衡导论》、盛慕杰先生的《中国近代金融史》、叶世昌先生的《中国货币理论史》等，都对我们那一代学生产生了很大影响。还有一点给我留下深刻印象，就是在那一时期金融出版社出版的书籍中，经常有我就读的中央财政金融学院著名教授所写的专著或教材。如孙开铸先生的《资本论与社会主义商品经济》、李宝光先生的《经济数学基础—微积分》、俞天一先生的《货币银行学》、刘光第先生的《中国经济体制转轨时期的货币政策研究》等。这些教授都是我大学时期的授课老师，水平很高，课也讲得极好，师恩难忘。

查了一下资料，在60年的历程中，金融出版社出版了8000多种书。

有金融理论类、实务操作类、金融教材类、法律法规类、史料及工具类、钱币鉴赏类等，其中许多书获得了各级各类的奖励，影响了几代金融学人和金融实务工作者。我虽喜爱读书，但在这8000多种书中，读的还是极少的一点点，想想也是惭愧。再想想，现在经常听到那些熟悉的和不熟悉的作者又写了许多书，但却只知道作者和出版者，不知道书了，这与小时候的读书形成了极大的反差。不知道这是不是必然。

在与金融出版社联系的过程中，有不少难忘和感动的人和事。记得16年前《中国金融》在庆祝创刊50周年时，著名经济学家吴念鲁先生写过一篇文章，满含深情地回顾了《中国金融》50年的历程，谈到了他与《中国金融》和金融出版社交往中的许多人和事，令人感动。那篇文章提到了《中国金融》的第一任主编杨培新，一位在新中国金融事业发展史上作出历史性贡献的经济金融大家，以及邵平、朱川、冯春林、李福钟、许树信、李守荣等历任主编。其中从冯春林先生开始，他们同时都还是金融出版社的社长或总编辑。还谈到了《中国金融》的第一代编辑舒湮和朱绍文，他们都是历史名人，既是金融学者，也是文化名家。谈到了早期的资深编辑、改革开放后在国际金融学科作出重要贡献的著名学者谭秉文，谈到了曾任金融出版社领导的吴公浦、余培翘、杜华、周战地，谈到了金融出版社的第一位硕士、曾任《中国金融》编辑部主任的程建国，等等。他在文章中提到的名字有28人之多。吴先生对金融出版社和《中国金融》杂志社的感情可见有多么深厚！这篇文章的题目是《努力不懈　辛勤耕耘——记为〈中国金融〉默默奉献的人们》，发表在《中国金融》2000年第12期上，值得金融学界和金融业界的后来人一读。

在吴先生提到的这些人士中，我认识的不到一半。最熟悉、最敬佩的是杨培新先生，他是一位历史伟人。1986—1989年，我曾借调到国务院发展研究中心，做他的助手，在一起工作三年。朱绍文和谭秉文两位先生都是经济金融大家，在我上大学时，经常读到他们的学术文章和著作。许树信先生是货币史方面的专家，我读过他的《中国革命根据地货币史纲》等著作，也有过几次接触。在一起开过会，听过他的讲话，佩服他的学术和为人。李守荣先生思维敏捷、视野开阔，又极其敬业和勤奋。他在学术上有成就，出版业绩也很突出。他的《天道酬勤》文集曾签名送我一套，文如其人，感触良多。杜华副总编业务能力强，文字水平高，工作认真，与人为善。20世纪90年代中期，我与她有过接触。周战地副总编对学术研究有浓厚的兴趣，不但为学者专家的成果出版付出了辛劳，她自己也有学术成果发表。我读过她与许树信先生共同主编的《金融学教程》，也曾在一些学术会议上进行过交流。

在北京学习、工作多年，也与金融出版社熟悉了多年，但真正与金融出版社的领导和编辑们有较多接触却是近十几年的事。20世纪初，金融出版社决定出版国内外著名经济学家的系列文集。2003—2007年，蒙代尔、麦金农、斯蒂格利茨的经济学文集先后出版。这些文集为国内学者了解西方经济学家的学术思想和研究成果提供了平台。《斯蒂格利茨经济学文集》的首发式是在中央财经大学举行的，作者发表了演讲，林铁钢社长发表了热情洋溢的讲话，并代表出版社为学校赠书，斯蒂格利茨先生签名送我一套。2006年，首次提出"华盛顿共识"这一概念的美国著名经济学家威廉姆森访问中央财经大学，林铁钢社长也曾专程来校采访他，并以《华盛顿共识与金融改革》为题撰文，发表在了《中国金融》2006年第5期上。林铁钢社长对学术研究有浓厚的兴趣，转任人民银行天津分行行长后，还经常有学术成果发表，是学者型的银行家。

金融出版社对国内经济学家文集的出版更是非常重视。2005年，出版了新中国金融学科奠基人、学界泰斗黄达先生的《黄达书集》，受到学界、业界广泛关注。我受出版社副总编辑王璐女士之邀，写了《读黄达书集有感》一文，发表在《中国金融》2005年第18期上。

近几年，我与魏革军社长接触就更多一些，经常在一起参加学术会议，听过他的发言，他的睿智和社会责任感给我印象很深。2011年，他知道我所主持的教育部攻关课题《金融体制改革与货币问题研究》已经结项，对我进行过一次访谈，并以《在转型与定型中推进金融改革》为题，作为封面文章发表在《中国金融》2011年第17期上，并配发了一张我比较满意的照片，很是感激。这篇采访的联系人是当时的编辑部主任、现任出版社质量总监的程建国先生，之前已经比较熟悉。在采访的前前后后，他费心许多，帮助许多，让我感动。前面说到的教育部攻关课题形成的几本系列专著，也是在金融出版社出版的，彭元勋同志付出了很多的辛劳。责任编辑除彭元勋外，还有罗邦敏、古炳鸿、张铁等同志。

最让我感动的是《薛暮桥文集》的出版。在《黄达书集》出版不久，金融出版社副总编王璐女士专程到访我所服务的中央财经大学，征求国内经济学家文集出版的建议，并希望推荐经济学家。我问是仅限金融学者还是更宽一些，她说范围广一些更好，我完全同意。我建议《薛暮桥文集》应该列在最前面，因为薛暮桥对中国经济社会发展作出了卓越贡献，是学界公认的当代经济学大师。王璐副总编非常高兴，当即决定出版。《薛暮桥文集》的编辑工作2006年启动，历经5年多时间，于2011年6月出版。这套文集共20卷，471.8万字。《薛暮桥文集》的出版，许多人付出了辛劳，这在文集的编者说明中已经提到。我认为贡献最大的是王璐同志，还有曾任薛暮桥秘书、后任中国保险监督管理委员会副主席、也是我读大学时的师兄李克穆教授，经济日报社的吕立勤同志也功不可没。当然，工作量最大最辛苦的还是薛暮桥的女儿、知名学者薛小和。出版著名经济学家的文集，显示了出版社的远见卓识。在这个过程中，我对王璐同志敬业执着的精神所感动，也被她的亲和力所感染。

这里我还想谈几句金融出版社主办的《中国金融》和《金融博览》。《中国金融》是金融领域最权威也是影响最大的杂志，并且比金融出版社历史更早。我的大学同学王琳娜毕业后曾在这里工作。1987—1988年，她曾组织过一些学术研讨会，采访过著名经济学家薛暮桥和杨培新。当时我也参加过她组织的会议和采访，有一次会议的成果发表在《中国金融》1988年第1期，对杨培新先生的访谈刊登在同年第4期。《中国金融》与金融实际工作联系十分紧密，有很长一段时间我对金融运作和改革发展进程是通过这本杂志了解的。这也是我阅读时间持续较长的杂志之一。《金融博览》是一本品位很高的杂志，文章的涵盖范围广、可读性强，具有历史感，装帧很精美。在轻松阅读中能够增长知识、启迪智慧、净化心灵。前不久，金融出版社蒋万进总编和王璐副总编，还有两位年轻灵气的编辑到访学校，送给我最近几期的《金融博览》，内有连载的黄达先生的《忆旧纪年》，读来真是亲切，体会和受益良多。

60年来，中国金融出版社传播和积累了极为宝贵的金融知识、理论和思想，为金融改革与发展提供了强大的理论支撑。吴念鲁先生在上面提到的那篇文章中对金融出版社和《中国金融》有一个很中肯的评价：这是一个培养、造就人才的摇篮和大学校。它培养了众多的资深编辑，在编辑队伍中也涌现了出类拔萃的人才，特别是通过这个园地和沃土，培养造就了金融领域无数出色的干部和专业人才。我完全赞同这个评价，金融出版社和《中国金融》也担得起这个评价。

岁月如梭，日月轮转。金融出版社已走过了一个甲子，60年的卓越成就值得载入史册。在庆祝金融出版社60华诞之际，谨以此文表达我由衷的敬意和庆贺，并祝愿金融出版社的领导和编辑朋友们开心快乐、幸福美好！

学科发展及相关会议致辞

学科发展及相关会议致辞

加强理论研究　为解决社会问题 提供科学依据 ①

　　经过两年多时间的充分论证和积极筹备，全校师生员工十分关注和期盼的社会学系正式成立了。今天我们在这里举行一个隆重、简朴的成立庆典，在此，我代表学校向社会学系的领导和同志们表示热烈的祝贺！向在筹备过程中给予我校特别支持的社会学界前辈、专家、上级部门领导和相关兄弟院校、兄弟单位的同仁们表示衷心的感谢！向出席今天庆典的前辈、领导和同志们表示热烈的欢迎和崇高的敬意！

　　社会学学科是以人类的社会生活及其发展规律为研究对象的一门重要学科。在发达国家的高等教育和学术研究中占有极为重要的地位。这门学科既是对人类社会生活进行综合性研究的基础理论学科，也是对解决深层次社会经济问题提供指导思想和手段的应用性学科。并且，在经济全球化迅速推进、科学技术迅猛发展和世界经济、社会发展一体化的大背景下，这个学科的应用性越来越强。特别是在中国，随着经济体制转轨和中国整体发展更深度地融入国际社会，经济社会活动中的各种矛盾日益凸显，为使国家保持长治久安，经济、社会健康协调发展，人民

———————————
① 2003 年 8 月 28 日在社会学系成立仪式上的致辞。

87

生活幸福和谐，必须加强社会学的研究。社会生活的各个方面是密切联系在一起的，经济的、政治的、文化的等，需要进行综合性研究。社会学以其特有的学术视角和方法，有广阔的发展前景和应用空间。

由于社会学是以社会问题为研究对象，因此它的范围极广极大。对一个学术单位来讲，应该有自己的研究重点和准确定位，这样学术研究才能有特色，实践运用才能有贡献。我们学校的经济、管理学科，经过50多年发展，已形成了一定优势，社会学的研究应借助这一优势。我们社会学的特色首先应体现在与经济、管理领域密切相关的社会问题研究上，如区域发展不平衡问题、扶贫问题、弱势群体问题、下岗失业问题、老龄化社会中的经济问题、社会保障体系问题等。

我们要加强社会学中的理论科学研究，理论研究要紧密联系社会发展中的实际问题。要加强社会发展中的焦点和热点问题研究，焦点和热点研究要建立在理论和科学思想指导之下，为正确处理和解决这些问题提供科学依据和具体方法建议。

在社会学这个领域，我们已有了一定基础。社会学系的老师们在论证过程中做了大量的调查研究，希望社会学系的领导和老师们按照已论证的发展目标，做好具体的发展规划和建设措施。恳请社会学界的前辈和专家、同仁给我们这个学科以特有的关注和支持。

社会学学科虽然在我校刚刚起步，但我相信，在全校师生特别是社会学系师生的共同努力下，在社会学界前辈、专家和上级领导的指导支持下，我们一定会在一个高起点上、在一个较短的时间内办出自己的特色，成为我校学科发展的一个新亮点，为国家培养出高素质的优秀人才，为社会协调发展和人类文明进步作出我们应有的贡献。学校将全力支持这个学科的建设和发展，我们的目标一定能够实现。

学科发展及相关会议致辞

财经类大学要有以数学为基础的高水平理学学科 ①

今天我们在这里举行一个简朴但隆重热烈的仪式，来庆祝中央财经大学第一个理科系——经济数学系的成立。经济数学系的成立是学校发展史上一个重要的里程碑。在50多年的办学过程中，虽然学校在培养财经人才过程中，一直非常重视数学教学和学生科学素养，数学教学部及其之前的数学教研室也作出了重要贡献，但在学科专业设置和建设方面一直没有扩展到理学门类。在数学教学部基础上成立经济数学系，将填补这个空白。这标志着中央财经大学这所具有光荣历史的国家重点大学在建设以经济学、管理学为主，法学、文学、理学、工学等学科文理渗透、相互支撑、协调发展的多学科大学道路上又迈上了一个新台阶。因此，我们以极其喜悦的心情来庆祝经济数学系的成立。在此，我代表全校师生对多年来在数学教学和科研岗位上辛勤工作并为经济数学系成立奠定基础的全体数学老师包括已经离退休的老师们表示衷心的感谢！向一直关心支持我校数学教学和科研事业发展的数学界的前辈和专家们表示崇高的敬意！向出席今天庆典的所有来宾和同志们表示热烈的欢迎！

---

① 2003 年 9 月 17 日在经济数学系成立仪式上的致辞。

数学是一门在非常广泛的意义下研究自然现象和社会现象中数量关系和空间形式的科学，在自然科学、社会科学、工程技术等方面起着思想库和技术箱的作用。数学既是各门科学的基础，又是经济建设、技术进步和社会发展的重要工具和推动力量。20世纪以来，数学学科在快速发展的同时，表现出一个极为重要的趋势，就是数学在其他领域中空前广泛的渗透和应用。近几十年来，一些交叉学科和边缘学科不断诞生，而其中的很多新学科在很大程度上是基于原有传统学科与数学的结合。数学在其他领域的应用，在经济学领域表现得最为明显。数学方法的采用已成为经济学发展的重要基础。从某种意义上说，经济学最初之所以能够从哲学、伦理学、政治学等学科中分离出来成为相对独立的学科，就在于数学的思维方法和计算方法在分析经济问题中的大量采用。在古典经济学时期，数学方法就引入了经济学，19世纪70年代经济学研究中"边际主义"的兴起，又使数学成为经济学分析的最主要方法之一。"边际成本""价格弹性""需求弹性"等便是导数概念的应用，物资运输与调配的成本最小化便是线性规划的具体运用，等等。在现代经济学中，数学分析方法更是成为其最重要的发展支柱。在经济学发展史上，有影响的经济学大师们几乎都具有深厚的数学功底，并把数学方法应用于经济学研究中，有些原本就是数学家。从近30多年40几位诺贝尔经济学奖获得者的学术背景和贡献成果看，经济学与数学的融合趋势便一目了然。

在数学大量应用于经济学理论研究的同时，数学对经济发展和社会实践的指导意义也凸显出来。数学的应用性和指导性是随着数学的诞生同时具有的。数学来自实践，是人类在社会生产和生活中对世界认知的升华和总结。因此，当人们从实践中得到最初的数学知识和明确了一些基本概念，同时也就产生了用于指导实践的思想和方法。但在16世纪之前的初等数学时代，数学对经济和社会发展的指导作用的范围和力度还是有限的。在17世纪人们对世界的认知确立了"变量"的概念之后，数学开始扩展到对变化中的量与量之间相互制约关系和基本图形相互变换的研究。运动学和辩证法的引入，使数学与社会科学联系更加紧密，

学科发展及相关会议致辞 ●●●

成为影响和改变现实世界的重要科学依据，也为其他学科的发展和对现实世界的认知提供了科学的方法，数学的应用性和指导性更加突出。以微积分为代表的高等数学理论的形成与应用，极大地促进了经济和社会发展与人类的文明进步。虽然数学理论一般具有非常抽象的形式，但它却是对自然现象和社会现象量的变化规律最为简明、最为深刻的科学表述。因此，用数学的思想和方法指导经济发展和社会实践，对于资源合理利用和经济效率增长及社会和谐发展都具有重要的意义。

正是数学的科学性、应用性和指导性，对其所设置的学科专业具有很强社会性和实践性的财经大学来说，发展数学学科就显得极为重要。这也是我们中央财经大学设立经济数学系的基本思想依据。中央财经大学在经济学科、管理学科等方面积累了一定优势，经济数学系的成立和数学学科的建设与发展必将为经济和管理学科发展提供更强有力的科学支撑，为高素质财经人才的成长特别是科学素质的养成提供更好的学术环境。在过去的历史上，学校对数学教学一直高度重视，数学教学部的老师们作出了重要贡献。在2000年北京市高校微积分课程统测中，我们学校荣获第一名，一些佼佼者在研究生考试中成为北京市的状元，还有许多学生在参加的数学比赛中荣获佳绩。希望经济数学系成立后，要保持和发扬这一好传统，使全校各专业的数学教学提升到一个更高的水平。

同时还需要强调的是，经济数学系要在前已论证的基础上，进一步明确发展方向，对学科发展要有一个准确的定位，做好学科发展规划和师资队伍建设规划。学科发展既要入主流，也要有特色。入主流才能有高水平，有特色才能有新贡献。要充分利用我校经济与管理学科的优势，把数学与经济学、管理学很好地结合起来，通过创新办出自己的特色。师资队伍建设是办好学科的重中之重。虽然我们已经形成了一支很好的教学科研师资团队，在多次的全校教师教学评比和竞赛中，数学老师的成绩都很好，但要办好高水平的经济数学系，我们还需要作出更大的努力。明年应用数学专业将迎来第一批学生，希望经济数学系做好各项准备工作，特别是制定好培养方案，为培养应用数学方面高素质精英

91

人才作出贡献。

我本人数学基础虽然很差，但我十分喜爱数学，也曾做过一年的中学数学教师，因此，对数学怀有深厚的感情。作为个人，我十分希望学校有一个高水平的数学学科，作为校长，我也会全力支持这个学科的发展。

我相信，在经济数学系领导和全体师生的共同努力下，在数学界前辈和专家及学校各院系和各部门的支持下，我们一定能够把这个系办好，使经济数学系成为我国应用数学研究与人才培养的重要高地。

学科发展及相关会议致辞

为体育事业和经济社会协调发展
提供高水平复合型人才支持 ①

今天在学校发展史上又是一个值得纪念的日子。在我们刚刚举行了社会学系和经济数学系的成立庆典之后，我们再次相聚，举行一个隆重、简朴的仪式，庆祝体育经济与管理系的成立。首先我代表全校师生向体育经济与管理系的同志们表示热烈的祝贺！对你们多年来在体育教学和科研岗位上的辛勤工作和作出的重要贡献表示衷心的感谢！向出席今天庆典的领导、来宾和同志们表示热烈的欢迎！

成立体育经济与管理系，已经酝酿、论证了很长时间。改革开放以来，随着中国经济的快速增长，中国的体育事业发展很快，一方面是人们对体育的需求大大增加，全民体育运动迅速普及；另一方面，竞技体育运动水平迅速提高，向着更快、更高、更强的方向发展。中国运动员在国际赛场取得的优异成绩，极大地激发了中国人民在各个方面突飞猛进的潜力和热情。特别是北京申办2008年奥运会的成功，又在全国形成了体育发展的热潮。中国的体育事业正与经济和社会发展一起进入快速发展的黄金时期。在体育事业快速发展的过程中，有两个趋势极为明

---

① 2003 年 9 月 20 日在体育经济与管理系成立仪式上的致辞。

93

显：一个是全民体育运动的专业化、市场化趋势，另一个是竞技体育的职业化、全球化趋势。体育运动的发展是与经济、社会的发展密切结合在一起的，随着中国经济、社会的全面迅速发展和人们的收入水平迅速提高，全民体育运动在城市和发达地区已超越了就地取材、个人锻炼的阶段，人们参加体育运动在实现增进健康、增强体质这一基本目的的同时，也产生了掌握某一专业技能的需求，这就使得大众体育也具有了一些专业性、市场化的特征。而要满足和适应这一发展趋势，需要把经济和管理的思想、方法和手段引入体育事业。从竞技体育来看，职业化、全球化的发展趋势就更需要用经济和管理的思想与方法来组织、规范和管理。正是这两大趋势的共同力量促使体育形成了一个重要的产业，并且这个产业的发展空间极大。产业的发展与经济和管理是天然联系在一起的。应该承认，在中国体育事业发展的过程中，我们的管理水平还不能令人满意，不论是社会体育的管理水平还是竞技体育的管理水平，以及整个体育产业的管理水平都亟待提高。就竞技体育来说，我们已是体育强国，但体育的组织管理能力与发达国家相比要弱得多。因此，为了加快我国体育事业和社会经济事业的发展，迫切需要培养一大批懂体育、会经营、善管理的复合型人才。有了源源不断的这类人才，才能使社会体育的组织、普及与推广水平不断提升，竞技体育才能有更好的发展，各级各类运动会的组织才能更加富有效率，俱乐部管理、中介组织运作、经纪人制度等才能更加规范和科学，我们的体育事业和社会发展才能更加协调。

中央财经大学是以经济学科和管理学科为主，法、文、理、工等学科相互支撑、协调发展的多科性国家重点大学，在经济学和管理学方面具有一定优势，同时，我校也一直重视体育的教学与科研，单独设立体育教学部已有多年，形成了一支良好的体育教学与科研队伍。正是基于上述分析和实际可能，学校决定在体育教学部基础上成立体育经济与管理系，并经教育部批准，今年开始招收体育经济专业本科生。希望体育经济与管理系的同志们在设立专业和建系过程中已经做过的详尽论证基础上，进一步明确专业发展方向，充分利用我校经济管理学科的优势，加强校内有关院系和兄弟院校的联系与合作，我们的体育教师要尽快地学习和掌握经济与管理方面的系统知识，不断提升自己，首先让自己成为专家。同时，还要采取有效措施，引进高水平专家，增强我们的力量。总之，希望我们体育经济与管理系在保证和提高全校公共体育课教学的同时，在培养体育、经济、管理相结合的复合型人才方面作出我们应有的贡献。

在我校设立体育经济专业和筹备成立体育经济与管理系的过程中，国家体育总局、教育部、北京市给予了特别关心和精心指导，北京体育大学和在京的相关兄弟院校也给予了大力支持和热情帮助，在此，我代表学校表示衷心的感谢，也期待各位领导、专家和朋友们继续给予我们更大的支持。

我相信，在教育部、国家体育总局、北京市的关心指导和兄弟院校的支持帮助下，我们一定能够把这个系办好，使其成为我国培养体育、经济、管理相结合的复合型人才的重要基地，为国家体育事业和经济社会发展作出最大的贡献。

传统优势学科要在传承创新中实现新辉煌[1]

今天，我们在这里举行一个简朴但隆重热烈的仪式，来庆祝金融学院的成立。首先我代表学校领导和全体师生向金融学院的老师们和同学们表示热烈的祝贺！

前不久，我们学校刚刚举行了社会学系、经济数学系、体育经济与管理系的成立庆典，前天，会计学院的成立仪式也已举行，11月2日、5日、12日还将分别举行财政与公共管理学院、经济学院和商学院的成立仪式。三个新系的成立仪式，我们都邀请了上级主管部门、兄弟院校和社会有关单位的领导和相关领域的知名学者前来参加，主要是三个新系都是新办学科，需要社会各界的支持和帮助，也为了搭建一个高的平台。财政、金融、会计等学科是我们学校的传统优势学科，在社会上已有广泛影响，因此，今天的庆典我们没有邀请社会各界人士。

我们的金融和保险学科是学校的核心学科之一，也是学校第一个国家重点学科。在相当长的时期内，与财政、税务、会计、财务等学科共同支撑了这所由新中国举办的第一所财经高校。1978年复校时，

---

[1] 2003 年 10 月 31 日在金融学院成立仪式上的致辞。

最初也只是恢复了财政系、金融系、会计系这三个系。近20年来，学校的学科范围不断扩展，如今已形成了经、管、法、文、理、工等学科相互支撑、协调发展的多学科体系，但财政、金融、会计这几个传统优势学科仍是学校发展的基本支柱。50多年来，我们学校为国家培养了数万余名高水平财经人才。在20世纪五六十年代，应该说，我们的财政系、金融系和会计系是国家最重要的财经人才培养基地。改革开放以后，随着各级各类大学财经教育的快速发展和社会主义市场经济体制的逐步建立，我们传统优势学科的相对垄断地位受到强有力的挑战，在百舸争流的时代，我们的金融系和金融学科在老一辈专家的带领下，仍然走在了社会潮流的最前面。在这个激烈竞争的过程中，我们一度遇到了相当大的困难，由于校舍等原因导致博士点上得较晚，影响了我们的竞争力，但金融系的老师们坚持良好的传统，以科学的精神和顽强的毅力，经过更加艰辛的努力，闯过了最艰难的阶段，在挑战中重新赢得了优势，这从我们师资队伍的整体水平、主持的国家级课题数量和科研成果的质量及产生的影响、学生的综合素质等方面可清楚地反映出来。

中央财经大学的金融系和金融学科50多年的发展成就是辉煌的，凝聚了几代金融专家和教育家的心血，我们始终感念在心。

我本人是在金融系和金融学科接受的高等教育，聆听了师长们的教诲，受益于这个学科，并成为这个学科教师队伍中的一员。看到金融学科的发展，看到金融系发展成了学院，我由衷地感到高兴，感到欢欣鼓舞。

在这喜庆的时刻，我们必须看到，我们的任务还是异常艰巨。作为国家重点学科，我们要承担起应当承担的责任，必须尽更大的努力。希望金融学院的老师们一定要很好地传承老一辈教育者所创立的优良传统，团结向上，锐意进取，以学科建设为中心，不断提高学术研究水平和教学水平，每一位老师都要选好自己的研究方向，努力使自己成为本领域最好的专家，并随着中国地位的上升，能够使我们的金融学科达到国际水平，让学生在这里接受最好的教育，培育最优秀的人才。希望同学们刻苦努力，博采众长，努力掌握宽厚扎实的科学知识，不断提高综合素质和创新能力，增强社会责任意识，人人都能成为国家建设的栋梁之材。

学科发展及相关会议致辞

高水平财经大学必须建设强大的
理论经济学学科 ①

今天我们怀着非常高兴的心情在这里举行经济学院的成立庆典。首先我代表学校领导和全校师生，对经济学院的成立表示热烈的祝贺！

经济学院的成立是中央财经大学发展历史上的一件大事。3年前，学校在经济管理系西方经济学教研室和政治理论教学部政治经济学教研室的基础上成立了经济系，为理论经济学学科建设搭建了新的平台。3年来，经过经济系全体师生的艰苦奋斗和开拓进取，我校理论经济学学科建设取得了突破性的进展，在很短的时间里，就成功地获得了政治经济学的博士学位授予权，以及西方经济学、经济史学和统计学的硕士学位授予权。经济系各学科的快速发展，提升了我校学科建设的整体水平，是我校新设立教学科研单位高起点跨越式发展的典范，也为今天经济学院的成立奠定了坚实基础。借此机会，我代表学校，向经济系的领导和全体师生及有关部门的同志们表示衷心的感谢，向你们致敬！

在这次学科专业调整中，学校决定将国民经济学学科和国民经济管理专业从原经济管理系调至经济学院。国民经济学和国民经济管理与理

---

① 2003 年 11 月 5 日在经济学院成立仪式上的致辞。

论经济学关系密切，在经济学院会有更大的发展空间。我校的国民经济管理专业是1985年开始举办的，18年来为国家培养了一大批优秀人才，在社会上和教育界产生很大影响。在1998年教育部本科专业目录调整时，我校成为教育部特批保留该专业的7所高校之一。国民经济学更是学校的优势学科之一，1993年获批博士学位授予权，是我校的第一个博士点。在2001年国家重点学科评审中排名全国第四，2002年成为北京市重点学科。国民经济学学科和国民经济管理专业调至经济学院后，希望学院对此要作出特别的规划，努力使国民经济学成为国家重点学科。在此，我也代表学校向为这两个学科专业发展作出突出贡献的闻潜教授、侯荣华教授、王柯敬老校长和王巾英教授表示崇高的敬意！也向原经济管理系的领导和老师们表示衷心的感谢！

在我校的学科发展史上，应用经济学和工商管理学科一直是主体学科，但理论经济学的发展也有很长的历史和基础。1952年全国第一次院系调整时，中央财政学院与北京大学、清华大学、燕京大学和辅仁大学这四所名校的经济系科合并重组为中央财经学院，经济学的一代宗师陈岱孙先生曾担任我们学校的主要领导，著名经济学家王传纶先生等一大批顶尖学者曾在此任教，奠定了学校理论经济学研究与教学的坚实基础。1978年复校后，学校的政治理论教研室和财经研究所集中了一批著名经济学家，如刘光第、孙开镛、张淳、汤国均、黄书凤等，他们的学术成果在学术界有很大影响，享有很高的声誉。统计学科也有很好的基础，在20世纪50年代，即设立了统计专业，复校后，我们统计学的研究也曾处于全国领先水平，崔书香教授在国内外均享有很高的学术地位，纪曾曦、赵家祥等教授也是著名的统计学家。因此，虽然我们的经济系成立时间不长，但我们的学科发展却要快得多。在此，也向统计学科的老师们表示感谢和敬意。

经济学院的成立，为中央财经大学的学科建设提供了更为广阔的发展空间，特别是为以理论经济学为主的学科发展搭建了更高的平台。目前，全国很多综合性大学都有很好的经济学院，多数财经类大学也设有经济学院，希望我们中央财经大学的经济学院办出自己的特色，既要吸收国内外好大学经济学院的经验，也要发挥我校自身的优势，体现我校的特点，为中央财经大学的发展壮大作出贡献。要争取尽快获得理论经济学一级学科的博士学位授权，把国民经济学办成全国重点学科，加快政治经济学、统计学、西方经济学等学科的发展步伐，不断提高学术研究水平和教学水平，为国家培养更多的优秀人才。学校将一如既往，尽全力为经济学院的发展提供强有力的支持。让我们一起努力，扎实工作，积极进取，为中央财经大学的美好明天而努力奋斗。

为实现更高水平的财经法学教育而努力 ①

今天，我们在这里举行一个简朴但隆重热烈的仪式，来庆祝中央财经大学法学院的成立。法学院的成立，标志着中央财经大学的法学教育和研究进入到一个新的阶段，也标志着中央财经大学这所具有55年办学历史的国家重点大学在建设多科性、国际化、研究型的特色名校道路上又迈出了重要一步。因此，我们以极为喜悦的心情来庆祝法学院的成立。在此，我代表学校领导和全校师生，向多年来在法学教育教学和科研及管理岗位上辛勤工作，并为法学院成立奠定基础的所有同志表示衷心的感谢，向法学院的老师们和同学们表示热烈的祝贺！向一直关心、支持我校法学教育事业发展的法学界、教育界、新闻界的领导、专家和同志们表示崇高的敬意！向今天出席庆典的所有来宾和朋友们表示热烈欢迎！

就在两周前，我校法律系和财经法律研究所举办了以"宏观调控和市场规制"为主题的第二届中国财经法律论坛，著名法学家江平教授和著名经济学家吴敬琏教授应邀参加财经论坛，并进行了一场别开生面的法学与经济学的双高对话。吴敬琏教授强调，一个好的市场经济，需要健全的法

---

① 2004 年 12 月 18 日在法学院成立庆典暨财经法学教育研讨会上的致辞。

治，完善经济管理体制的重要举措就是法治化。江平教授则指出，经济是社会发展的基础，法律是上层建筑，只有将经济与法律巧妙结合，才能建设完美和谐的理想社会。两位大家的对话深刻地揭示了现代社会经济与法律之间的依赖和互动关系，同时也表明我国发展和壮大财经法学教育的重要性和紧迫性。

改革开放以来，我国法学教育事业取得了极大的发展，但是法学教育的任务依然很重，特别是在财经法律研究和教学方面亟待加强。我校法学院正是在这样一个特殊的时代背景下成立的。要建立完善的市场经济体制，建设公正和谐的理想社会，必须把经济与法律，也就是把经济基础和上层建筑放在一个统一的大框架中来研究。中央财经大学是新中国成立后国家举办的第一所财经高校，由于经济与法律的天然联系，学校一直非常重视这两大领域的教育教学和研究。特别是改革开放以来，在财经学科快速发展的同时，法学教育的重要性也更为突出，学校1978年复校后即设立了专门的经济法教研室，1995年又在经济法教研室基础上成立了法律系。十年来，在甘功仁教授的带领下，法律系依托财经学科优势，致力于探索法学与经济学、管理学相结合的跨学科教育与研究新模式，突出应用型法律知识的传授，注重法学理论与法律实务紧密结合，培养了一大批懂法律、懂经济、懂管理、懂外语的复合型优秀人才。法律系创办的《财经法律评论》和中国财经法律论坛已形成学术品牌，组织编写的《财经法学系列教材》产生了广泛的社会影响。

我校法学教育的快速发展，是法律系全体师生共同努力的结果，是教育界、法学界各位领导和专家长期支持和关怀的结果，也是法律实务部门和新闻界朋友们大力支持的结果。法学院成立后，希望在新的平台上，更加奋发向上，不辜负全国政协罗豪才副主席在贺信中对法学院提出的殷切期望，以自己的实际行动和办学实力为中国的法学教育和研究作出更大的贡献，力争在一个较短的时期内，把我们的法学院办成特色鲜明的一流法学院，成为我国法学研究和人才培养的新高地。恳请教育界、法学界的领导和专家一如既往地关心支持我们的法学院，也希望新闻界的朋友们关注和支持我们。在此，我代表学校和年轻的法学院诚挚地邀请各位领导和专家来校举办讲座、发表专场学术演讲、参加两年一次的中国财经法律论坛、为《财经法律评论》惠赐大作，助力年轻的法学院茁壮成长。

学科发展及相关会议致辞 ●●●

为加快培养高水平国际经贸人才
贡献中财力量 [1]

今天，我们在这里举行一个简朴但隆重的仪式，庆祝中央财经大学国际经济与贸易学院的成立。首先我代表学校领导和全校师生向国际经贸学院的老师们和同学们表示热烈的祝贺，并送上美好的祝愿！也向金融学院的老师们在几十年的过程中对国际经贸学科建设和人才培养作出的重要贡献表示感谢和敬意！借此机会，我更要对全国高校和研究机构国际经贸学科的专家学者们和商务部等政府部门的领导对中央财经大学经贸学科的关心、支持和帮助表示衷心的感谢和诚挚的敬意！今天有许多国际经贸学科的专家、学者和领导在百忙中前来参加典礼，我们感到非常荣幸，也感受到国际经济贸易学科大家庭和谐友好的浓浓氛围。

中央财经大学的经贸学科有了几十年的历史，改革开放后一直在金融学院建设和发展。今年，学校决定成立国际经济与贸易学院，集中力量建设这个学科，这主要基于两点考虑：一是这个学科的特殊性和重要性。在经济全球化快速发展的进程中，在中国深度融入全球经济体系的背景下，国际经贸学科的建设和人才培养具有特别重要的意义。这个领

——

[1] 2010 年 9 月 19 日在国际经济与贸易学院成立仪式上的致辞。

域需要研究的问题很多，国际上的矛盾也很多，国际贸易、国际投资、汇率、金融市场等，需要作出现实的和前瞻性的研究。二是在中国快速融入全球经济体系的同时，也要在国际上承担起我们的责任，急需培养一大批懂理论、懂世界、懂未来，有理念、有能力、有技术，能在中西两个文化平台上顺畅转换的高质量专门人才。

国际经贸学院的成立，为这个学科的建设和人才培养搭建了更好的平台，希望学院的老师们和同学们要认真做好科学研究，与高水平大学和研究机构的专家学者们多交流，多出创新性成果，在高起点上把这个学科发展好，为培养更多高水平国际经贸人才贡献中财力量。

学科发展及相关会议致辞 ●●●

全球化背景下的经济社会发展需要
建设更高水平的会计学科 ①

中国会计学会2005年学术年会今天在中央财经大学召开了，作为承办单位，我代表学校对本届年会的顺利举办表示祝贺，对前来参加此次学术盛会的国内外嘉宾表示热烈的欢迎。

当今世界正在呈现经济全球化迅速发展的强烈趋势，在很大程度上改变了世界经济发展的格局。会计作为衡量经济运行和发展状况的基础工具，在全球化的背景下，其重要性更加突出。会计改革和发展已不再是一个国家的独立行为，而必须与全球经济体系相适应。近十几年来，国际会计界和各国政府已经为此作出了巨大努力，力争使会计信息成为真正意义上的国际商业语言，成为衡量和促进各国和全球经济发展的重要工具，为经济社会健康发展提供基础支撑。

中国自改革开放以来，随着经济体制的转轨，会计改革全面推进，制定和实施了一系列符合国际惯例或与国际惯例相衔接的会计制度和会计准则。这些制度和准则的执行，有力地推动了中国经济的发展和改革的深化，推动了中国企业走向国际，也为外国公司来华投资和开展贸易

───────────────

① 2005 年 7 月 17 日在中国会计学会 2005 年学术年会上的致辞。

107

创造了公平的竞争环境。会计信息作为经济决策的基本依据，发挥着不可替代的重要作用。在全球化的背景下，会计的改革发展尤其重要。一方面，经济指标的确认和计量更加复杂了；另一方面，需要考虑的因素大大增多了，如绿色经济、资源环境保护等方面。这就需要会计学术界的专家学者和政府部门提供更多的智慧，作出更大的努力。

在会计改革发展的同时，中国的会计学科也取得了快速的发展。一方面是学术研究成果推动和支撑了现实的会计改革，另一方面是培养了大批的高质量会计人才。在新的形势下，会计学科的发展仍然任重道远，譬如一些新因素、新业态、新科技方面的指标确认和衡量、更科学的会计标准的研究和制定、更先进的会计理论体系的创建和发展等，还需要会计学界专家学者的共同努力。本届年会云集了这么多国内外高水平的会计学专家，在此交流各自的研究成果，相信一定会产生一批有价值的新知识、新思想，为下一步的会计改革和发展作出新贡献。

中央财经大学的会计学科一直是学校的核心学科之一，也是国家重点学科。在学科的发展过程中，得到了各位专家学者的关心和支持，非常感谢大家。这次年会在我校召开，对我们会计学科来说，又是一次宝贵的学习机会。恳请各位专家一如既往地关心支持中央财大会计学科的发展，欢迎各位经常来学校讲课与交流！

学科发展及相关会议致辞 ●●●

财经媒体是经济社会健康发展的重要力量①

今天我们很高兴，来自两岸三地财经媒体的朋友们和中央财大师生欢聚一堂，以"影响中国：财经媒体的力量"为主题畅谈交流，这将对中央财大的发展，尤其是财经新闻专业的发展和同学们的成长将起到积极的推动作用，也是我们华文媒体圈的一桩盛事！我代表中央财经大学的全体师生，向各位来宾的到来表示诚挚的谢意与热烈的欢迎！

在一个健康的社会中，新闻媒体是一支非常重要的力量。在经济全球化快速发展的今天，新闻媒体的作用更加突出，经常性的沟通交流与深度合作更加迫切。在大中华经济圈崛起的过程中，两岸三地新闻媒体作出了重要贡献，作为连接两岸三地信息沟通的重要纽带与桥梁，通过客观报道增进了两岸三地民众的相互认知，同时还让世界充分认识和了解了一个正在和平发展、充满生机与希望的中国。

实行改革开放以来，经过近30年的发展，我国经济社会发生了翻天覆地的变化，这种变化几乎超出了所有人最初的想象。在经济快速发展的过程中，表面上看似简单的经济现象，其背后往往隐藏着深层次的政治、经济、文化与社会原因。这与中国的发展同时伴随着工业化、城市化、现代化和信息化及经济体制转轨过程尚未完成、二元结构尚未打破

————————

① 2007 年 6 月 9 日在两岸三地财经新闻高层论坛上的讲话。

有着密切关系。传统的经济理论有时往往难以解释中国这一日益庞大与复杂的经济体正在发生的现象。因此，一方面，需要我们财经新闻媒体为亿万民众及时准确地报道经济资讯、传播科学知识；另一方面，更需要我们财经新闻工作者能够从经济学和社会学的多维视角，综合国内外政治、经济、文化与社会等各方面因素，充分地挖掘与深度分析看似简单的经济现象，引导经济社会健康和谐发展。

中央财经大学是教育部直属的国家"211工程"重点大学，经济学和管理学是传统优势学科，同时学校非常注重交叉学科和特色学科的发展，财经新闻专业就是结合人文与财经管理学科优势而设立的。学科交叉有利于创造新知识和新思想，未来的大师必定既能站在本学科前沿，又能够洞悉多学科的发展。特别是在全球化背景下，能够引领社会发展潮流的，一定会是那些深知人类社会发展规律、能够在东西两个文化平台上自由转换的人才。本周一，杨澜女士来中央财经大学给学生们做了一场精彩的演讲。在提问时有记者谈到，传媒人的职业荣誉在于深刻地关注和记录社会并影响社会进程。关注社会需要对社会问题有敏锐的洞察力和热情；记录社会需要有社会良知和能力；影响社会需要有社会责任感和智慧。因此，我们希望培养的学生具有深厚的人文素养、扎实的理论功底、宽广的知识背景、熟练的专业技能、独特的新闻视角，成为既通晓国际规则又深谙中国国情，既具备经济社会敏感度又洞悉新闻传播规律的高端人才，在今后工作中，也能像在座的各位财经媒体精英一样，做到"铁肩担道义，妙手著文章"，为我们国家经济社会和谐发展尽献智慧与心力。我们深知，要把这个专业办好，单靠中央财经大学的力量是不够的。我们迫切需要与校外优秀的新闻传媒机构建立广泛的联系，尤其需要今天在座的各位大力支持。我们希望以此次论坛的召开为契机，将未来课堂打造成一个开放的平台，以人才培养为依托，在产学研领域开展形式多样的交流与互动，建立广泛与深远的互信与合作关系，使我们中央财经大学不仅仅是"中国财经管理专家的摇篮"，也是"优秀财经媒体人才"的培养基地！

学科发展及相关会议致辞 ●●●

学术组织要在建设高水平大学中发挥引领和保障作用①

学校新一届学术组织成立了。包括学术委员会、教学委员会、学位委员会、职称评定委员会在内的新一届学术组织，是在《中央财经大学章程》（以下简称《章程》）制定并经教育部审核备案后，依据《章程》和修订后的各委员会章程组建的第一届，学校就学术组织组建召开成立大会也是第一次，在组建过程中，学校还召开了全体教授会议，这都说明了组建新一届学术组织的重要性。

《章程》是校内的基本法。特别是教育部职能逐步转变为政策规划、宏观指导协调、评估和督导，同时高校办学自主权扩大后，《章程》就是办学的基本依据。学术组织在大学内部治理结构中居于极为重要的位置，是教授治学的重要载体，是办好大学和实现大学治理现代化的关键环节，是大学职能实现的最重要组织保证。因此，在学校"双一流"建设中，在走向"特色鲜明的国际名校"进程中，学术组织要发挥引领和保障作用。

经过严格认真的推举和遴选程序，各位教授当选或被选任为新一届

————————————

① 2017 年 2 月 23 日在新一届学术组织成立大会上的讲话。

学术组织的成员，我向大家表示祝贺。同时也要感谢各位教授接受广大教师和学校的重托，承担各自的职责。作为学校学术组织的成员，是荣誉，也是责任，是学校发展的"关键少数"。

新一届学术组织已经成立了，要按照《章程》认真履行各自的职责。学校发展中的许多任务要经过学术组织来完成或推进，如"双一流"建设、学科专业的规划设计、导师选聘、智库建设、国际化办学、人才培养模式和教学内容改革、教师的分类与工作量标准、绩效考核与晋升标准的制订等。

学术委员会、教学委员会、学位委员会和职称评定这四个委员会的秘书处分别设在科研处、教务处、研究生院和人事处，秘书处和职能部门要认真做好基础工作和日常工作，保证学术组织工作的顺畅运行，认真落实学术组织作出的各项决定。学校已为学术组织提供了必要的工作条件，在年度预算中安排了相关经费。

希望四个委员会和各位教授认真履行职责，安排好时间，保证在学术组织工作中的精力投入，以对全校教师负责，对学生成长负责，对学校发展和未来负责的高度责任感把工作做好。学术组织的教授们要在学术研究、教育教学、人才培养、师德学风等各个方面起带头示范作用，还要通过这四个学术组织，团结广大教师，关心他们的事业和生活，反映他们的诉求，公平公正并及时地解决他们关心的问题。学术组织中的各位教授都是学校教学科研的带头人，也是学校改革发展的中坚力量，大家的努力在很大程度上决定着学校的未来。学术组织在学校发展中一定要起到引领作用和保障作用，为建设一支高水平的教师队伍，培养更优秀的人才，把学校办成特色鲜明的国际名校贡献最大的力量。

教师的师德风范影响学生一生 ①

今天的会议是学校很重要的一个会议，是贯彻落实中央16号文件的重要举措。刚才侯慧君副书记和冯刚副司长都发表了重要讲话，讲得很全面，很深刻，也很具体。在这里我主要强调一个问题，就是加强师德建设，全力做好大学生思想政治工作。

做好大学生的思想政治教育工作，师德问题很关键。要培养高素质的人才，要使这些人才有很好的政治思想觉悟、很好的专业水平，需要一支高水平、高素质的教育队伍。教师的高素质表现在什么地方？既体现在具有高深渊博的学识，更体现在良好的人文道德素养。广大的教师是我们大学生健康成长的指导者和引路人，良好的师德是他们健康成长的重要保证。我们的大学生思想政治工作不光是大学生思想政治工作专职人员的事情，更是全体教职员工，特别是一线教师的责任。

有人说现在学生跟老师的关系不像以前那么好，不像以前那么融洽了。这很值得反思。20世纪70年代末80年代初我们读书时，师生关系特别好，老师关心学生，学生对老师很尊敬。现在的师生关系悄悄地发生了一些变化，当然有些形式上的变化是必然的，但是有些学生不像以前

---

① 2005 年 11 月 8 日在学校加强和改进大学生思想政治教育工作会上的讲话。

那样尊敬老师了，是否与相关老师在师德方面做得不够好有关？在中国文化中，尊师重教是一个很鲜明的特点，过去有"一日为师，终身为父"之说，这说明传统文化中学生是很尊重老师的，有一段时间，社会上教师的地位不高，老师的收入低，有人不看重教师，即使在那时，这些人也还是非常尊重曾经教过自己的老师的。当代大学生知识面广、信息渠道多、思维活跃、独立性强、选择多、创新性强，他们也很尊重老师，同时，也对老师有了更高的期望，也就是说，当代大学生尊师是有条件的。

大学生尊重老师最主要是尊重老师的师德和学识，也就是人们常说的道德和文章。如果老师品德高尚、作风优秀，他将成为学生在形成良好品德方面的表率和楷模。

老师的言传身教、师德风范会影响学生的一生。前段时间温家宝总理在接见第五届教学成果奖代表的时候，说到他晶体光学课是池际尚教授讲的，池教授讲得那么清楚，那么深刻，甚至费氏台的操作她都自己进行，温总理至今都清清楚楚地记得她的音容笑貌，对他影响非常大。很多历史名人也都讲到过老师对自己的巨大影响，教师影响学生一生，我自己体会也是如此。我进入大学时是20世纪70年代末，当时老师们对我们真是非常尽心，那时候老师多、学生少，老师对我们非常关心，我们感到非常受益。我的硕士导师王佩真教授在做人做学问方面对我影响非常大，在学习、研究、工作、生活上都一直关心我、指导我，直到现在还在关心。我在人大读博士时，黄达老师也是如此，指导我如何做学问、如何做人。影响我的优秀老师很多，在此不一一提及。我只是想说，在一个人的成长过程中，老师起着很关键的作用。前辈老师对我们这代学生有很大影响，我们这一代怎么用老师的风范来影响下一代，影响我们的大学生呢？给他们传授真正的知识，让他们健康成长，成为国家的栋梁之材，需要我们去努力。我个人也时常提醒自己，要像自己尊敬的老师关心指导自己那样去对待自己的学生，当然我做得还有很大差距。这两年教师节，新教师来开座谈会的时候，我都讲到这样的内容，要求大家要像尊敬的、影响自己一生的老师对待自己那样对待自己的学生。

今天围绕师德说这么一点感想。最后，我还想借用温家宝总理在接见第五届国家教学成果奖的代表时讲的一段话，他在谈到中国当前教育三大任务之后讲了三件具体事情，一是要大力推进启发式教育；二是教授、名师一定要上讲台；三是教书育人。他说，教师除了教学还有另一项任务就是育人。他引用伟大教育家陶行知的一句话，就是千教万教，教人求真；千学万学，学做真人。我们培养的学生不单是某一个方面的专家，而应该是一个有学问的人、有道德的人、全面发展的人。总理讲得语重心长。我们要把大学生思想政治工作看成一个系统的工作，要把学业、思想、品德教育统一起来，使学生们真正健康成长。

论坛演讲与文章选录

关于大学特色及特色形成的一些想法 ①

很高兴受王裕国校长之邀前来参加此次论坛，首先对西南财经大学55周年校庆表示热烈祝贺！同时对首届"中国普通高等财经院校校长论坛"的顺利举办表示祝贺！

目前，各高校的一项重要工作是迎接教育部本科教学工作评估，在准备自评报告的过程中，很多高校感到最难的部分就是对办学特色的总结和提炼。虽然近几年关于大学特色的讨论已经有了很多，但尚未形成广泛的共识。我想就这个问题谈一些看法，与大家交流。

一、什么是大学特色

大学特色可以从多角度、多层面去概括，我认为最主要的是大学的办学特色。

大学的办学特色是指在办学历史中形成的持久稳定、社会公认的优良特质。办学特色集中体现在以下几个方面：

---

① 2007 年 9 月 24 日在"中国普通高等财经院校校长论坛"上的发言。此次论坛是西南财经大学为庆祝建校 55 周年举办的，全国 33 所财经院校的书记、校长出席，论坛的主题是"发展中国特色社会主义事业，加快高等财经教育改革与发展"。

1. 学科专业的特色。学科专业特色是指学校的主要学科专业在研究和教学方面形成的鲜明特征和独特优势，以及在社会相关领域享有的良好声誉。在这个基础上，学科专业覆盖的范围和优势学科的比重与学校的整体影响力和地位呈正相关。学科专业特色是学校特色最基本的方面。因此，学校应以学科专业建设为中心，这是大学发展最重要的主线。

2. 教师特别是教授的研究特色。教师是大学的主体，是学科专业建设的承担者，教授发挥着引领的作用。大学教师尤其是教授的研究与教学水平是大学特色重要体现，换句话说，学校特色在很大程度上体现为学校教授的特色。所谓"教授即大学"的本意也在于此。因此，办大学要以教师为本，以人才为要。要为教授创造宽松的学术和研究环境，为青年教师发展和成长为大师创造条件。

3. 毕业生的特质。大学的教育以学生为本，学校的人才培养质量通过毕业生体现出来。毕业生在各自领域和岗位上作出的贡献是衡量人才培养质量的最重要标准，而毕业生身上凝聚的特质共性便是大学特色的反映。

4. 精神文化和制度安排。大学精神文化体现在众多方面，其中办学风格和大学品质与此密切相关。优良的办学风格可以形成良好的校风、教风和学风；优良的大学品质可以促进大学功能的充分发挥和为社会发展提供更多的正能量。制度安排对教育教学和科学研究的组织方式，对人才培养的具体模式、对内部管理的效率和秩序发挥着规范和保障作用。因此，精神文化和稳定的制度安排是学校特色的重要方面。

二、学校特色的形成

关于特色的形成，有三点至关重要。第一，先进的办学理念和持续不断的努力。理念代表着方向，持久的努力是学校特色形成的关键。第二，尊重历史传统和注重经验总结。学校的特色虽然与学校的定位和规划有关，但特色的形成并非由事先的主观设计所决定，而是在学校发展过程中不断积淀而形成。第三，与时俱进和开拓创新。这需要有科学的精神、人文的情怀和创造的勇气。因此，大学要处理好理念与现实的关系、传承与创新的关系，以及适应与引领关系，这对大学特色的形成很重要，也是大学"积累、传承、创造人类知识与文明"的使命所在。

三、所有大学都可以办出自己的特色

特色是特有的品质，各大学之间的特色是不能完全可比的，它具有多元化的特征。事实上，不同类型、不同层次的大学都可以办出自己的特色，社会发展也需要不同特色的大学。改革开放以来，财经类院校发展很快，为国家经济社会发展作出了重要贡献。在这个过程中，也形成了财经院校的办学特色。目前来说，我们财经院校的特色，其共性部分比较明显，个性部分尚不够突出。随着未来的发展，财经类大学之间的个性特色会逐步彰显。这既是社会发展的需要，也是大学发展的规律。

最后还想重复说一下，从全球大学的发展历史看，不论其类型、层次如何，有特色的大学都有一条引领其发展的主线，那就是大学精神。什么样的大学精神能够引领一所好大学？最重要的就是重视科学、重视人文、重视历史。世界上最优秀的一批大学在这方面体现出了高度的一致性，需要我们在办学道路上始终给予特别重视，这也是大学特色形成的内力所在。

多元化背景下的大学发展 ①

在30年前的这个时候，中国改革开放总设计师邓小平先生作出了一个改变千百万中国年轻人命运及影响国家民族未来发展走向的重大决策——恢复高考。自从那个时刻起，中国大学发展进入了一个崭新的时代，踏上了实现伟大梦想的历史征程。与年龄相仿的同时代人一样，我本人既是这个政策的受益者，也是这个征程上的亲历者。

在这30年的建设与发展过程中，中国大学取得了举世瞩目的成就，其外部环境发生了翻天覆地的变化。就国内而言，中国实行了改革开放，大力推进计划经济体制向市场经济体制转变，不断推进工业化、城市化、现代化和信息化进程，亿万民众的精神面貌焕然一新，思想观念与时俱进，生活水平大幅度提高，整个民族展现出惊人的创造力，中国整体上进入了小康社会。就世界范围而言，"冷战"结束，经济全球化迅猛推进，知识经济蓬勃发展，高等教育国际化不断深入，多元文化不断碰撞融合，国际交往与合作日益密切。就大学自身而言，办学自主权不断扩大，学生上学由完全公费变为个人（家庭）承担部分成本，学生就

---

① 2007 年 11 月 25 日在第二届京港大学校长高峰论坛上的发言，感谢杨禹强参与讨论并为此稿形成提供了帮助。

业由国家分配变为"双向选择"和自主择业，教师实行岗位聘任制，大学从精英教育发展到大众化阶段，从社会的边缘走向中心，人才培养、学术研究、社会服务三大功能获得极大的发挥，成为社会发展的重要推动力量。应该说，这30年是中国百年现代大学发展史上外部环境最好、自身发展最快的时期。当然，我们也清醒地看到，在这发展过程中也带来了一些亟待解决的问题，一直受到人们的关注。

早在20世纪八九十年代，人们就已经开始讨论"将一个什么样的大学带入21世纪"这个话题。1999年，为满足当时中国经济发展需要，中国大学开始大规模扩招，引起了社会各界对大学扩招是否过快的纷纷议论。随着我们国家建设若干所具有世界先进水平的一流大学和一批高水平大学的目标提出，中国大学如何更好地发展成为社会各界广泛关注的焦点。截至目前，中国政府已连续举办了3届中外大学校长论坛，邀请海内外杰出大学校长发表真知灼见，交流沟通，勾勒大学美好未来，很多国内大学也都借着校庆等节日举办主题不一的大学校长论坛，很多专家学者也纷纷通过各种媒体陈述自己对中国大学发展的看法。这种高度关注与广泛讨论，不论是持肯定观点还是批评态度，对中国大学的健康发展都是大有裨益的。

中国大学刚走过百年的艰难曲折历程，受西方很大影响的现代大学制度正逐步地在中国土壤中扎根。自从第一所现代意义上的大学诞生之日起，大学所焕发出来的生命力令世人瞩目，其曾经取得过的辉煌时常勾起世人的回味。如今，中国正处于全面建设小康社会阶段，大学的作用与日俱增，摆在众多中国大学校长面前必须认真思考的一个重大问题是，如何在多元化背景下，更好地提高中国大学办学质量，突出办学特色，更好地发挥大学三大功能，更好地坚守和弘扬大学精神，使中国大学更好地服务中国进而服务世界。

一、提高办学质量，突出办学特色

质量是大学发展的生命，特色使大学卓然挺立。正如前面所说的，

大学的理念与中财特色

1999年开始的中国大学扩招政策，对中国高等教育快速进入大众化阶段、实现从人口大国向人力资源大国的转变起到了重要作用。自扩招之日起，中国内地大学及其主管部门就意识到，扩大招生规模的同时必须提高大学人才培养质量，采取了很多切实可行的措施，基本保证了中国内地大学整体质量不受大规模扩招的影响，但与数量增幅相比，质量的提升还不尽如人意。因此，提高教育质量是大学未来发展最重要的内容，这是因为教育是提高国民素质和开发未来创新潜力的关键，而中国在这方面任务艰巨。此外，近些年来，欧美高水平大学更加积极地拓展全球化教育市场，吸引着全世界优秀的学生包括越来越多的中国学生去求学深造，香港几所著名大学也开始积极地在内地招生，深受考生及家长的欢迎，很重要的一个原因在于这些大学的办学质量高。在此新形势下，中国内地大学就更应该视质量为大学发展的生命，从完善制度建设、配备一流教师队伍、准确定位人才培养目标、合理设置课程体系、改革教学方法、改善办学条件、加强国际交流与合作等各个方面入手，加快提高人才培养质量。只有这样才能吸引世界各地更多的师生前来授课、求学，也只有这样，中国内地高水平大学才能逐步缩小与世界一流大学的差距。

记得有人说过，每一种文化都可以通过与其他文化碰撞交融得到滋养。在文化交融过程中，应坚持本民族独具特色的文化个性，否则就不再有任何属于自己的东西可以交流。因此，多元化背景下，中国大学应寻求自身特色，而大学特色则体现在教授、管理者、历史传统、学科、建筑等各方面，大学在师资水平、管理风格、校园文化、学科建设、建筑设计等各方面无不渗透着大学的办学理念，并且服务于办学理念。多元化是文化繁荣发展的表现，我们应以开放的姿态欢迎这一趋势，信心百倍地迎接挑战，而不是试图加以阻挡；我们应秉持"和而不同"的理念，充分发掘和培育自身的传统优势和特色，保持个性；我们应凸显中国大学的主体意识，更好地与国际一流大学平等对话，共谋发展，获得新的增长空间，在世界高等教育领域中发挥更大作用，从而使中国大学

124

成为当代世界大学苑里光彩夺目的奇葩。要实现这个目标，当代中国大学任重道远。

中央财经大学作为国家重点大学，坚持实施大众化高等教育形势下的精英教育，突出经济与管理学科特色，始终将人才培养质量放在第一位，不断地为社会输送急需的栋梁之材，全力建设有特色、多科性、国际化的研究型大学。

二、发挥三大功能，引领社会进步

大学的基本使命是传承与创造知识和文明，培养人才服务社会。要履行这一使命，首先必须明确的是大学究竟培养什么样的人、怎样培养人这个关键的问题。对高水平大学而言，必须培养那些具有全球的视野、包容天下的胸襟、强烈的责任感与使命感、科学的知识架构、先进的思想方法、卓越的办事能力、良好的综合素质、能独立思考、善与人共事、知行合一、勇于探索的拔尖创新人才。我们中央财经大学正是以此为目标，努力培养在经济管理等领域懂得全球一致的业务规范和趋向统一的管理法规，特别是能够把"国情和特点"与国际惯例结合起来的高素质人才。这些人才，将伴随着中国经济日益发展、综合国力日益强大、国家地位日渐提升、国际责任日渐重大，担当起服务中国，进而服务世界的重大历史责任！只有这样才能实现一流大学培养一流学生、造就一流社会的目标。

高水平大学必须要有一个很高的学术研究水准，将学术成果通过教学传授给学生。学术研究与服务社会之间有密切的联系，但学术研究中的知识传承和创新与服务现实社会之间往往并不完全一致。在这对矛盾中，哪个更重要？在近些年中国高等教育发展中，比较多地强调了对现实社会的适应性，这有一定道理。但是，大学作为一个研究高深学术的组织，应该与市场保持着一种"若即若离"的关系，在学术研究过程中既要鼓励那些有较强社会应用性的研究，更要支持那些基础性、影响未来的研究，既要为社会提供其现实发展所急需的东西，更要为社会提供其未来发展所必需的东西。只有这样的大学，才能肩负起引领社会的责任，才能带领世界走向更加美好的未来。中央财经大学就是努力朝着这样的一个目标去奋斗。

三、弘扬大学精神，促进世界融合与发展

大学是追求真理、传播真理的圣地，是创造知识、发展科学的源头，是社会文明的灯塔，是时代精神的缩影；大学里的知识分子是人类良知的守望者，是仰望星空、静思默想的探索者，是指引社会、开创未来的先行者。世界一流大学的精神气质是兼容并包、海纳百川的，其精神体现在探究普天之下所有未知领域、延揽全球精英人才、吸引天下青年才俊的气质之中。正如纽曼主教所言，一所大学就是一个群英荟萃的殿堂，天下各地的学子到这里来，以寻求天下各种各样的知识。中国过去有过这样伟大的大学，有过这些伟大的人物，有过这种伟大的精神。在当前社会转型时期，中国需要更多这样伟大的大学，需要更多这样伟大的人物，需要更多这样熠熠生辉、永放光芒的大学精神，作为引领中国社会不断向前发展的指明灯。

相对而言，我们中国人喜欢怀旧，总认为美好的黄金时代存在于过去，总喜欢将现在与过去进行比较，然后对现状感到不满，对过去恋恋不已，心向往之。自然，我们需要对过去的黄金时代怀有一种温情与敬意，这是我们大学所要传承的文化与历史，但同时更应清醒，我们大学还需要对未来负责，还需要在传承既往文明的基础上创造新的文化与历史。因此，我们有理由相信，最伟大的大学必将在过去历史积淀的基础上孕育新生，我们今天的努力将决定着未来大学的品质。经过改革开放近30年，我们中国人已经习惯了经常地反思，学习别人长处，每年都会想，明年我们要改变什么，怎么进行改革开放，这种习惯恰恰是中国前进最大的财富、当代中国最伟大的精神力量。我们要把这种精神坚持下去，在继承中国传统文化精粹的基础上，借鉴、吸收、内化世界其他优秀文化。只有这样，我们才有可能创造出新的文化与历史，为世人所认

同。在这个过程中，大学将发挥促进世界各种文化相互沟通交流的枢纽作用。因此，一方面，我们中国大学包括内地和港澳台大学之间应加强沟通交流，毕竟我们同是华夏民族，同在一个国家，共同弘扬中华文化；另一方面，我们要加强与国际上其他大学间的沟通交流，共同促进世界融合与发展。我们中央财经大学将以更加开放的姿态，积极与包括港澳台在内的世界高水平大学建立更加广泛的联系，进行更为深入的交流与合作，为世界文化繁荣和社会全面进步作出更大的贡献。

关于创新与创新型人才培养的一些思考 ①

很高兴参加今天的论坛，感谢唐景莉博士的盛情邀请！

关于创新和创新型人才的培养，近些年讨论的已经很多，这个问题的重要性大家并无争议，难的是应该怎样做，能否做得到，能否做得好。有一些思考与大家交流。

一、从以诺贝尔奖为代表的前沿创新引起的思考

这个月，今年的诺贝尔奖揭晓，又引起了每年一次的大讨论。中国学者何时能够获得这个奖，或者说离获得这个奖还有多远？特别是今年的物理学奖3位获奖人是美籍日裔科学家南部阳一郎、日本科学家小林诚和盖川美英，化学奖的3位获奖人是日本科学家下村修、美国科学家马丁·查尔菲和美籍华人科学家钱永健，这使讨论的深度大大增加了。至今，日本学者（不含日裔）获奖已有15人，2000年以来已有7人。也已有5位华人科学家获得了物理学奖和2位华人科学家获得了化学奖，但他们

---

① 2008 年 10 月 22 日在第二届"著名大学中学校长峰会"上的演讲，此次论坛由中央美术学院、中国教育报、中国教育电视台、高等教育出版社联合主办，会议的主题为"创新人才的选拔和培养"。

论坛演讲与文章选录 ●●●

学习和工作的大学和机构都不在中国大陆。

诺贝尔奖特别是生物医学、物理学和化学奖的获得者都是大科学家，都是创新型人才。获奖者从事的研究领域都是基础性研究，当时并不是热点，也不能直接给研究者带来直接利益，但他们所取得的研究成果会持久地改变世界和人们的生活方式。他们获奖的依据并不是刚刚做出尚未得到检验证明的新成果，而是那些经过科学实验和实践检验证明了其正确性的伟大科学成就。

分析一下获奖者的共性，有几个方面非常明显：一是都对所从事的研究有浓厚的兴趣，并固守在这个领域；二是都有很好的科学素养，接受教育和从事工作的大学或机构及自己的导师和身边的同事都处在学科前沿；三是都具有献身科学的精神、创新性的思维、丰富的想象力和科学的研究方法；四是都有平静的生活，宽松的环境和闲适的心态；五是都充满了对他人、对社会、对自然的爱心和责任心。

预测中国学者离诺贝尔奖还有多远，对比分析一下我们的社会条件，生活环境、人才状态，大家各自会得到一些启示。我们的社会是不是太浮躁了，是不是太急功近利了？

想到两个例子。

一个是著名科学家吴健雄教授。1956年李政道、杨振宁在对"宇称守恒定律"的研究中提出了"在弱力条件下宇称不守恒"的学术观点，研究成果发表后，许多学者认为这个论断不可能成立，但又不愿做实验，是华人女科学家吴健雄从工作的华盛顿专门到哥伦比亚大学做实验，从哥大图书馆查到了实验方法，经多次实验证明了这一观点。李政道、杨振宁获得了1957年的诺贝尔物理学奖，虽然吴健雄未能同时获奖是一大遗憾，但科学家的精神在她身上得到了充分体现。

另一个例子是诺贝尔经济学奖获得者、美国普林斯顿大学高等研究院埃里克·马斯金教授。2006年，马斯金教授应邹恒甫院长之邀担任中央财经大学中国经济与管理研究院学术委员会联合主任，并为学生授课。2007年的讲座安排在11月6日。10月15日，2007年诺贝尔经济学奖

129

揭晓，赫维茨、马斯金和迈尔森一同获得这个大奖。瑞典皇家科学院的颁奖典礼是在12月10日，马斯金教授仍如约按照原计划来到中央财经大学，于11月6日为学生作了"纳什均衡与福利最优"的精彩讲座。我们在祝贺他获得最高荣誉大奖的同时，问他为何不调整一下来上课的时间，他说虽然日程排得很满，但为学生上课是最重要的，从中可以看到科学家的品格及对学生的爱心。中央电视台联系我们学校要对他进行采访，他答应了，并说还一直不知道自己在电视中的形象呢。这是不是值得思考？

二、从技能奥运会引起的思考

诺贝尔奖获得者的研究成果是高端的、前沿的，我们再看一下与我们社会和日常生活相关的方面。我们刚刚举办了第29届奥运会，非常成功也令人振奋。又有多少人知道已经举办了39届的技能奥运会？技能奥运会的项目有许多，都是与社会和日常生活相关的。2007年11月14~21日，第39届技能奥运会在日本静冈举行，有46个国家的831名选手参赛，这一届设立了38个正式项目和9个表演项目，包括机械组装、配管、焊接、车床、制图、印刷、电工、家具、石匠、木工、贴马赛克、砌墙、理发、插花、园林、美容、裁缝、糕点制作、汽车修理、餐饮服务、冷冻技术、信息技术、网站设计等。技能奥运会，主要发达国家一直都在参加，不少新兴国家近些年也在积极参加。前些届，美国、英国、法国、德国、西班牙等成绩居前，近几届日本、韩国的成绩很突出。这说明了什么呢？为什么德国、日本的产品好？中国现在已是制造大国，为何品牌价值不如它们？值得思考的地方有很多。所以，创新既有前沿科学领域的，也有社会和日常生活方面的，是多元的，对创新概念的理解应该扩展开来。一个国家、一个民族、一个社会的创新能力和创新水平与这个国家、这个民族、这个社会的科学素养有关，与这个国家、这个民族、这个社会的价值取向有关，与社会条件和社会环境宽松度有关。同时，也与爱心和社会责任感有关。为什么呢？有爱心，才能热爱生活，才会创造生活；有责任心，才能关注他人和社会，才会服务当下着眼未来。例如，医学上攻克疑难病症，化学上发现新元素，物理学上新物质形式的发现，等等。创新是一个复杂的问题，要受理念的支配。最近的例子，正面的，如前天报道的美国佛罗里达州立大学在实验室生产的"巴克纸"已达到理论硬度的一半，计划很快会生产出商业产品。这种特殊的碳纳米管纸是根据1996年诺贝尔化学奖获得者，来自美国和英国的3位科学家所做的研究成果生产出来的，这种纸重量轻、硬度高，既导电又散热，重量只相当于同样体积钢的十分之一，强度是钢的500倍。有专家认为这种"巴克纸"极可能成为未来重要而广泛使用的制造材料，甚至有可能取代钢铁。当然，这只是一种理论可能，成本就是一个重要的制约因素。反面的例子，国内的如三鹿奶粉，国际的如华尔街风暴等，都值得我们认真思考。

三、从一本书引起的思考

关于创新人才的培养，是一个很大也很沉重的话题。今年夏天，我读了一本书，引起了不少思考。这本书的名字叫《比上哈佛更荣耀》，杜方甸等编著，湖南教育出版社出版。该书收集了部分2006年美国总统奖学金获得者的成长经历和心得体会。美国总统奖学金是1964年由约翰逊总统创建，颁发给优秀的应届高中毕业生（美国公民），开始是101个名额，每个州男女生各1人。1979年，增加了20个名额，给绘画、创作、表演艺术方面突出的学生。近几年每年约有3000人获得推荐，入选标准为SAT（学生学术能力评估考试）和ACT（大学入学考试）的出色成绩，根据入围学生提交的短文、自我评价、社会实践、证明自己才能和领导力的事迹或例子等，从中选出500人进入准决赛，最后由评奖委员会确定获奖人。获奖者由政府出资到华盛顿参观白宫，并将受到总统接见。近年，华裔学生获奖人数在增加。从这个集子收录的获奖者的成长经历和感言，可总结出他们的几点共性：（1）从小都受到良好的家庭教育。他们大多数人的家庭条件并不优越，但几乎都有数次搬家和在假期到国外旅行的经历；都是在快乐和鼓励中成长；都是在家庭和小学中培养了乐观向上的性格；都充满了爱心和自信心。许多同学都谈到，"欣赏自己、悦纳自我，是个体人生的起点"，"接受今天的自己，即使并不完美"，"从家长和朋友那里了解了社会的美好，从大自然中体会到大自然的可爱"。（2）中学时代都积极参加了社会服务和课外活动，从中获得乐趣，获得社会知识。他们都谈到，上中学时就知道大学喜欢招收积极参加社会活动和课外活动的学生，喜欢关心他人、心怀社会、兴趣广泛、特长突出、全面发展的学生。都提到，"不管初意如何，人人都可以在活动中成长"。知道"要关心儿童，他们是曾经的我，要关心老人，他们是未来的我"，体会到"在社会服务中走出了小我，走向了他人和社会，人格也走向了成熟"，知道了"心有多宽，世界就有多宽"，从服务别人时听到的"谢谢"中体会到对方给予的尊重，"也知道了如何面对失败"。（3）进入大学后，懂得了责任心和独立思考。他们这些学生大多进了常春藤大学，感到大学氛围很适合他们。他们都谈到进入大学后的体会："大学善于教导学生认识自我，这是最珍贵的教育"，"大学引导你去探索你所想象不到的世界"，"良好的教育使你放缓脚步，促使你思考本不会考虑的事情，把你带入了一个开阔而丰富的天地，让你必须找到自己的位置和信仰，并学习怎样接近信仰和理想"。

我们再从总统奖选拔的几个题目看一下其导向。几个不同轮次的题目包括："描述对你个人发展起到重要作用的你的家庭或你所处的社会团体的特点"；"描述一个你所犯过的错误或者面临的挑战，面对错误或挑战，你的反应是什么，你从中学到了什么"；"描述一部富有创意的反映你看待世界、看待自己的方式的作品，可以是科学理论、小说、电影、诗歌、音乐或其他艺术形式"。答题都反映了前述几个共同点，体现了他们的爱心，家长和老师鼓励他们走自己的路并提供建议，对他们无条件的信任；反映了他们的责任心、独立性、对社会和自然的看法、信仰与追求、自主与自尊、尊重与创新等方面的品质和成长的心路历程。读后，我深受启发。对比一下，我们需要努力的地方确实有很多。

我们不是说美国什么都好，中国的崛起对美国形成了挑战，华尔街风暴也给人很大的启示。就教育来说，中美也在走"围城"，互相借鉴，美国的教育和文化确实有很多地方值得我们学习和思考。就"总统奖"获奖学生来说，事实证明，这几千名学生工作之后，确实大都成了各界的领袖。而我们的状元考生呢？虽然大部分也不错，但他们工作后对社会发展的作用与获得美国总统奖的精英学生比较，似乎并不那么显著。

对诺贝尔奖的讨论，对领先科技的追求，对建设现代强国的渴望，都昭示着中国未来的发展。分析中国所存在差距的原因，很多人都认为教育制度出了问题，我们的教育制度需要改进。比如应试教育，都知道要改，但目前为止，似乎方向还是不够明晰。有些省市对高考改革提出的方案，争议很大，方向也未必正确。素质教育，还是打分，还是应试，潜在危机很大。要改变，也真是难。比如人才评价制度，重学历、重经费、重起点，不重实绩、不重过程、不重结果，要改变，也是很难。再比如，培养创新型人才，在我们的教育体系中，培养人的人目前状况如何呢？要提高，同样也是很难。马克思说过，"一个人的发展取决于和他交往的所有人的发展水平"，更不用说教师了。

除了教育制度之外，我们是否还需要反思一下我们社会、我们民族的观念和文化？在我们的文化中，科学的元素是不是少了点？尊重每一个人、尊重每一个人个性的元素是不是少了点？是不是外在的约束多了点，内在的约束和阳光的心态少了点？在行为上，是不是重视形式多了点，重视内涵、重视过程和结果少了点？在社会氛围中，是不是浮躁多了点，平静和宽容少了点？等等。

因此，创新型人才的培养，既需要教育制度的创新，也需要文化的改进和环境的改善。这是一个渐进的过程，同样不能过于浮躁。

四、创新人才培养需要整个教育体系的努力

现在，创新已受到全社会高度重视，建设创新型国家也已成为国家战略。创新是社会发展进步的重要内在推动力，在全球化进程中提高国

家竞争力，在经济社会快速发展中提高人民生活质量改善力，在高等教育大众化背景下提高受教育者的社会适应力和引领力，都需要通过创新来实现。

前面已经说到，创新是多层面的，创新的形式也是多种多样。发明和创造新事物是创新，引进吸收和改进工艺也是创新。例如，发明了一项专利成果是创新，支付专利费之后把科研成果转化为产品也是创新。前沿的科技发明是创新，生产和生活领域中非前沿的各种改进和提高也是创新。科技、生产领域的发展是创新，管理、制度方面的变革和完善也是创新。

前沿的创新很重要，尤其是提高国家竞争力需要前沿的创新。同时，还要关注经济社会领域的各个方面。我们的经济社会生活需要多层面、多维度的创新，创新时时处处需要，也时时处处可见。例如，从经济发展看，30年的改革开放成就巨大，但增长方式是粗放型的，对资源、环境关注不够，要提高增长的质量，转变增长方式，节约资源和维护环境，需要多方面的创新。从社会发展看，也是很明显。所以，更多更广泛的创新对中国社会健康发展和社会质量提升极为重要。因此，一方面是科学家的前沿创新，另一方面是全社会多领域多层面的创新，是建设创新型国家、提升整体创新水平的必由之路。

实现创新发展需要有大量的创新型人才，创新型人才培养是教育的重要功能之一，而教育又是全社会参与的最重要的系统工程。就教育体系来说，培养创新型人才需要各个阶段教育的衔接和努力，最基本的原则是顺应人的成长过程中各个年龄段的生理和心理特点。

小学教育，应注意在快乐成长中培养兴趣，在鼓励中培养自信。这符合小学阶段学生天真、活泼、好动、好奇的特点。

中学教育，应增加社会实践和外界交流，主要是社区服务和开放性教育，培养团队精神、合作意识，养成健全人格，培养对他人和社会的爱心与责任感。这符合中学阶段学生爱思考、爱幻想、爱模仿、愿交流、愿运动、想独立的特点。

大学教育，应重视自主和研究性学习，注重拓宽视野和提升境界，完善知识体系，夯实理论基础，掌握科学方法，养成质疑和批判性思维的习惯，锻炼发现问题和解决问题的能力，进一步增强社会责任感。这符合大学阶段学生有思想、有追求、渴望成功、渴望价值实现的特点。

由于创新是多层次、多维度的，所以创新型人才也是多层次、多类型的。因此，创新型人才培养不存在一种固定的模式，也不能设计成同一种模式。保护学生的天性和尊重他们的个性，对创新型人才的培养非常重要。

总之，对于创新和创新型人才的培养，重要的不是认识，不是讨论，而是朝着正确的方向去行动。人发展了，社会就发展了，人改变了，世界也就改变了。

在全球金融危机背景下重新审视大学的社会责任和未来发展的方向 ①

非常感谢亚太国际教育协会第四届年会组委会的安排，使我有机会在此次校长圆桌会议上发言。能够与这么多世界著名大学的校长交流自己对全球金融危机下高等教育发展的一些看法与思考，我感到非常荣幸。

2008年开始于美国的金融风暴，已经演变成为全球性的金融危机，世界经济正面临巨大的挑战。世界各国的领导人、企业界领袖、专家学者和全球性、区域性的国际组织，都在为应对此次危机寻找有效的对策，进行紧锣密鼓的沟通与磋商，以便尽快走出困境。

这场金融危机，不仅对全球经济影响很大，而且给大学的发展也带来了冲击。一方面是大学的发展基金缩水，同时增加了经费筹措的难度；另一方面，也是更重要的，毕业生的就业压力增大，找工作变得越来越困难。

分析一下此次危机的原因，我想对大学的未来发展是有意义的。

这次金融危机发生的原因是多方面的。从表面上来看，是金融系统出了问题。金融机构的过度放贷形成了巨额坏账和支付困难，支付困难

---

① 2009 年 4 月 16 日在亚太国际教育协会第四届年会校长圆桌会议上的演讲。

引致了倒闭或重组，金融机构倒闭或重组连累了整个经济，导致股价下跌、失业增加、经济下滑，并通过连锁反应和国际传递，形成了全球危机。从深层次上看，原因更为复杂。

20世纪70年代以来，世界经济取得了快速发展，这种发展是与三个潮流相伴而行的，一是新自由主义思潮在全球的蔓延，二是全球化的快速推进，三是科技创新的日新月异。

对完全自由市场的过度崇拜，鼓励了资本的贪婪性和冒险追求高额商业利润的无节制性，限制了人们的理性思考和对美好社会价值的追求。在金融资本支配产业资本和整个经济的背景下，金融系统的过度扩张导致了虚拟资本的过快增长，形成了虚拟资本与实体财富的背离。泡沫的膨胀和虚假的繁荣使人们形成了虚幻的假象，认为账户数字便是真实财富，放弃了通过真实劳动追求财富的努力，转向了通过资本运作和市场投机追求更多的账户价值。

在完全自由市场理念的支配下，全球化的快速推进又为资本的贪婪性创造了更大的舞台，放大了资本运作的空间，放弃了资本全球化流动中必要的监管，忽视了规则与秩序的建立，缺少了全球化进程中国际间必要的协调。

科技创新浪潮的不断涌现，又为资本在全球范围内冒险追求高额商业利润不断创造着技术条件。对利润的追求和社会责任感的缺失，致使创新，特别是金融创新，日益脱离了实体经济和社会发展的真实需求，一些前端的技术创新成为大资本拥有者和高智商人的智力游戏和巧妙掠夺公共利益的平台。

我们不难想象，这样的发展模式是不可能永久持续的。我们也不难理解，在这样的发展模式下，全球性金融危机的爆发为什么是必然的。

因此，走出金融危机，必须要纠正对完全自由市场经济的过度崇拜，要有必要的社会价值追求，要建立更加合理的经济结构；必须要加强全球化进程中国际间的协调，要建立必要的规则和秩序，使参与这一进程的国家和公众能够更加公平地享受全球化的收益；必须要强调创新中的社会责任，要引导和监管创新的方向，使创新真正为实体经济和社会更好地发展服务。

在讨论了全球金融危机引起的思考之后，我想再谈一下对大学未来发展的看法。

在这轮全球化、信息化、自由化的进程中，大学获得了空前的扩张。大学数量和招生规模迅速增长，接受高等教育的不再是极少数人，发达国家基本上已实现了高等教育的普及化，包括中国在内的一些发展中国家也进入了高等教育的大众化阶段。大学从社会的边缘走向社会的中心之后，又成为社会大舞台上备受关注的重要角色。但是，在近几十年大学快速发展过程中，也存在许多值得反思的倾向。

一是受完全自由主义思潮的影响，高等教育出现了过分功利化的趋势。例如，大学的运作越来越商业化，大学发展项目的设置越来越重视收益回报，为了迎合市场排名，发展目标越来越短期化，对教师的评价越来越重视科研成果的数量指标，而忽视了学术研究的真正价值，致使教师的压力巨大，对人才培养投入的精力严重不足。这些功利化和急功近利的行为，导致了许多大学弥漫着浮躁的情绪，影响了人才培养质量的提高和大学发展的正确方向。高等教育中的功利化倾向，既来自社会的压力，又对社会运行产生了不利影响。因此，我们必须反思这一倾向，匡正未来发展的目标和方向。

二是在全球化背景下，大学的交流与合作出现了过于形式化和不当竞争的现象。近几十年来，随着全球政治形势的缓和和科技创新浪潮的不断涌现，全球化进程明显加快。在全球化进程中，大学既成为重要的推动力量，又从中获得了很大的发展。全球化无疑为大学发展提供了更大的舞台，可以说参与这一进程的大学都贡献良多，也从中受益良多。但是，从总体来看也还存在着形式多于内容的现象，比如一般性交流多，提供的实质教育平台少；也存在着不当竞争的现象，如一些并不能提供优质教育资源的大学，为了抢占市场、扩大生源，发布不实信息，收取过高学费，使用不当竞争手段，扰乱了国际教育市场秩序，影响了真正高水平大学的国际合作。因此，国际间大学的合作也应该规范秩序，为彼此间提供真正的优质教育资源。我希望亚太地区及全球范围内的杰出大学之间，能够形成实质性交流与合作平台，真正做到优势教育资源互补，提升国际教育合作的品质。中国著名经济学家、教育家黄达教授一直倡导，大学要培养"能够在东西方两个文化平台上自由往返漫游的人才"。我对此深表认同，希望亚太国际教育协会成为实现这一目标的重要平台和有力推动者。

三是在近几十年的大学发展中，大学对其核心价值观的坚守、对社会责任感的重视、对创新方向的引导存在不足。在世界文明史上，在人类组织变迁的历史长河中，大学是最稳定的机构。这是由于大学作为传播和创造知识与文明的本质属性和使命所决定的。19世纪英国教育家约翰·亨利·纽曼认为，大学教育旨在提高社会的知识氛围，培养国民的公心，净化国民的情趣，为浮躁的公众提供真正的公理，为公众的理想提供确定的目标，扩大时代的思想库并注入冷静的思考，促进政治权力的行使，提高人际交流的质量。也就是说，大学作为知识的传播和创新之地、社会良知的守望地、社会发展的向导，必须用正确的伦理导向来确保知识被用于正确的方向和目的。

一段时间以来，大学发展中存在忽视核心价值观和社会责任感的倾向，存在创新应用教育与社会理性教育的不平衡，存在自然科学教育与人文社会科学教育的不平衡，存在适应社会教育与引领社会教育的不平衡。这些不平衡远离了人们对更加美好社会的期待。国内有不少教育界人士呼吁加强人文社会科学教育的研究和经费投入，强调人文社会科学与自然科学同等重要。在人文社会科学研究中，近些年引入了计量分析方法，这对提升人文社会科学研究是非常重要的，但计量分析绝不能替代哲学思考和价值判断。

加强人文社会科学研究和教育对全球化背景下建立更美好的社会意义重大。因此，我认为，坚守大学的使命和核心价值观，第一，要平衡教育中自然科学与人文社会科学的关系，要把哲学思考和对美好社会价值的追求贯穿到自然科学和人文社会科学的研究与教育中。第二，要处理好适应社会与引领社会的关系。虽然现阶段大学教育已进入到大众化甚或普及化阶段，大学必须适应社会对各层次人才更广泛的需求，必须为学生就业做更多的考虑。但学生的社会责任感和工作中的严谨态度必定是社会最需要的，也只有具备这种素质的人才，才能够在适应社会的同时引领未来的发展。特别是以培养社会各界未来领袖为己任的杰出大学，更应该强调这一点，因为这些未来领袖人才代表着未来社会发展的方向，他们不仅要有科学完整的知识结构和创新能力，更要有对美好社会价值的追求和强烈的社会责任感。第三，要对创新的方向给予正确的引导。创新及创新成果的应用要符合自然与社会运行规律，要有利于人与自然的和谐和社会可持续发展，要有利于人们的生活更美好。

总之，未来大学的发展，要扭转过于功利化的趋势，要坚守大学的核心价值观，要加强大学间的交流与合作并建立更加坚实的平台，实现优势教育资源的互补。让我们共同努力，为大学的发展和人类的文明进步作出新的贡献。

关于中国财经高等教育发展的几点思考①

非常感谢吴汉东校长的邀请，参加这个论坛使我有机会与来自海内外的大学校长们相聚相识，并就财经高等教育交流各自的看法。首先，我代表中央财经大学向中南财经政法大学55华诞表示热烈的祝贺，向出席此次论坛的各位校长和专家表示敬意。

去年夏天，教育部在北京举办了一个水平很高的"中外大学校长论坛"，来自许多国家和地区的几十位著名大学的校长就大学的办学理念、教学的管理模式与发展规划等问题进行了讨论，取得了许多共识。今天，中南财经政法大学又组织了以"社会经济转轨时期财经政法高等教育"为主题的国际大学校长论坛，这是继去年大学校长论坛之后又一次重要的大学校长聚会，对中国财经政法教育的发展必将产生重要的影响。

借此机会，我就中国财经高等教育的发展谈一些看法，以就教于各位同行。

改革开放以来，中国的财经高等教育得到了长足发展，为经济改革

---

① 2009 年 10 月 29 日在"国际大学校长论坛"上的发言，此次论坛是中南财经政法大学为庆祝建校 55 周年举办的，近 20 所中外大学校长出席，论坛的主题是"社会经济转轨时期财经政法高等教育"。

141

与发展作出了重要贡献，特别是1998年以来，高等教育大幅度扩招，使中国成为世界上高等教育规模最大的国家。在这个过程中，财经高等教育的规模发展更快，财经教育在国家高等教育中的比重大幅度上升。与此同时，高等财经教育的发展也面临着一些新的挑战，需要我们认真思考，重新厘清思路。

第一，如何保证财经教育的质量。大学的生命力不但体现在规模发展上，更体现在人才培养的质量上。学生应该接受什么样的高等财经教育，这既是一个学术问题，又是一个现实问题，说到底，是一个理念问题。大学的基本使命是传承与创造知识和文明，培养人才服务社会。要履行这一使命，大学必须有一个很高的学术研究水平，把学术成果通过教学传授给学生。学术研究与服务社会之间有密切的联系，但学术研究中的知识传承和创新与服务现实社会之间往往并不完全一致。在这对矛盾中，哪个更重要？在近些年的财经高等教育中，比较多地强调了对现实社会的适应性，有一定道理，因为经济与管理学科本身具有很强的社会应用性，要使学生很快地适应社会，找到合适的工作，必须给他们讲授现实所需要的知识和做法。但是，社会是发展的，要使学生有持久的发展能力，仅传授与社会现实相关的知识和做法是不够的。而要传授给他们终身受益的知识，就必须帮助学生掌握那些具有发展规律的知识，以及观察、分析、探究问题的习惯和能力。这样的学生在社会上才会有真正的竞争力。同时，只有具有科学知识和创新能力，能够掌握经济发展规律的一大批人才活跃在经济社会中，才能保证经济的健康发展，形成良好的经济秩序，使经济发展与社会发展和谐一致。因此，在财经高等教育中，既要强调它的社会适应性，更要强调符合经济发展内在规律的知识研究与传授，也就是要处理好适应社会与引导社会发展的关系。

第二，在中国高等教育进入大众化教育阶段之后，财经教育的发展应该分层次研究。经过连续几年的大幅度扩招，中国高等教育的毛入学率已达15%，进入了大众化教育阶段。在大众化教育阶段，大学如何发展，需要分层次研究，财经教育如何发展，也需要分层次研究。具有现代意义的高等教育在中国刚刚走过百年的历程，在这百年中，高等教育无疑属于精英教育，精英教育下的大学模式与大众化教育下的大学模式应该有很大差别。这种差别体现在两个方面，一是传统大学的教育转型，二是多层次、数量众多大学的诞生。在大众化教育阶段，是否还需要精英教育？答案应该是肯定的。对于高水平大学来说，精英教育仍然应是主要的方向。不同的是，精英教育的面要大大扩展，因为社会发展需要更多的精英。高水平大学应当承担这一任务。对于更多的人接受高等教育，要由众多的大学来承担。大众化教育需要有相当规模的职业教育，职业教育应由专门的职业教育学院来完成。高水平研究型大学不应把职业教育作为主要的方向。同时，职业教育与学术性教育的通道应当打通。因此，在大众化教育阶段，财经高等教育应该分层次来研究，不同的大学应该有不同的定位。即使高水平大学的财经教育，也不应是一个模式，要多元化发展，包括专科教育、本科教育和研究生教育各个层次，都应有不同的培养模式。这样，才符合社会对各类人才需求的多样性。

第三，随着经济全球化的迅速扩展和中国社会主义市场经济体制的建立，高等财经教育的人才培养模式必须有一个明显的转变。在计划经济占主导的体制下，高等财经教育主要是面向政府决策部门、宏观经济管理部门培养人才，而在市场经济体制下，高等财经教育主要是要面向市场、面向企业培养人才。特别是需要培养具有全球视野、懂得全球一致的业务规范和趋向统一的管理法规、能够把"国情和特点"与国际惯例结合起来的国际性通用人才。这种人才必须是综合型人才，既要在业务上有熟练的操作能力和创新能力，又要在宏观上有很强的分析能力和敏锐的判断能力。因此，大学的高等财经教育，既要重视专门知识的传授，又要重视综合素质的培养，这就需要在课程设置和教学内容方面不断加以调整，增加基础科学和人文科学方面的课程，加强边缘学科和交叉学科的研究和知识传授。

第四，高等教育的国际化趋势日益明显，财经高等教育应在更高层次上加强国内外的校际合作。与其他学科相比，财经管理学科不论是在原理上，还是在业务操作上其国际通用性更强，它应该是最为开放的学科。因此，在财经高等教育的发展中，加强国内外的校际合作是极为重要的。我们中央财经大学愿意与国内外相关兄弟学校建立联系，加强合作，共同为财经高等教育的发展作出贡献。

两岸高校携手共创美好未来 ①

很高兴参加这次交流活动。在这里，我向各位报告一下中央财经大学与台湾高校交流合作的情况，以及我个人的一些体会。

我校与台湾高校的合作起步于20世纪90年代。一开始是教师的个人行为，部分有机会到对方学校的教师参加各类学术会议与交流。1998年台湾朝阳科技大学的校长曾腾光先生率领代表团来我校商讨两校合作事宜，从此开启了我校与台湾高校之间正式的校际交流与合作。朝阳科技大学先后有10余名教师到我校攻读博士学位，也有数名朝阳科技大学的老师来我校授课。同时，我校也有多名教师赴朝阳科技大学任教。随着双方合作的深入，我们深深地体会到两岸师生血浓于水的亲情，之后这种亲情一直贯穿于我校与随后建立合作关系的台湾高校的合作交流之中。目前，我们已与中兴大学、台北大学、辅仁大学、东吴大学、东海大学等12所台湾高校建立了校际交流合作关系。

1999年至今，我校共招收和培养了40名来自台湾的博士生，16名硕士生，59名本科生。虽然这些学生大部分已经毕业离开了学校，但是他

---

① 2017 年 11 月 7 日在台湾海峡两岸民意交流基金会参访团来京时，全国政协举行的座谈会上的发言。

大学的理念与中财特色

们仍然关心着学校的发展，积极参加学校组织的校友活动，并且在台湾建立了校友会，成为我校校友组织的重要组成部分。

2012年至今，我校有230名学生到合作的台湾高校长期学习或者参加夏令营或冬令营，同期也有123名台湾合作高校的学生到我校交流学习。

为了让更多的台湾师生了解大陆企业管理制度与运行机制，我们集中学校的优秀教师与管理团队，特别打造了一个以"融合两岸师生，共叙企业文化"为主题的暑期项目。项目为期7天，两岸同学同吃、同住、同课堂、同调研、同走访，同学们结下了深厚的友谊。参加项目的台湾同学认为"这7天的生活是全新的，学习了很多知识，也有很多收获"，有同学对"大陆企业所展现的每分每秒皆积极进取的精神令人印象深刻"，有同学说"若将7日之所见所闻所感所知诉诸于文字，再多也道不尽心中那深刻真实的感受"。有大陆同学说，"这是一场多么奇妙的缘分，7天结下一辈子的友谊，从此'台湾'对我来说更多了一些温度，因为有让我牵挂的人在那里呀"。该项目从2009年设立至今，已举办了8期，目前该项目已经成为我校学生与台湾学生相聚相识的重要平台。

在促进两岸学生交流的同时，我们还积极推动两岸教师的交流合作。近五年来，我校共派出174名教师出访台湾，同时接待了多所台湾高校教师的来访。就在刚刚过去的10月，我校王强教授受聘为台湾明道大学书法专业博士生指导教师，开启了与明道大学培养高水平博士生的合作。两岸教师在这种互动交流中，取长补短，互助互信，提升了各自的教学与科研水平。

在学生与教师交流的基础上，我们积极开展与台湾高校的科研合作。1998年我校成立台湾经济研究所，致力于加强与台湾高校的学术交流，开展两岸间的比较研究。我校台湾经济研究所与台湾大学、东吴大学、东海大学等台湾高校合作交流频繁，多次组织举办财政、税收、法律、金融等领域的两岸学术研讨会，先后有200余名台湾高校的师生参加了这些研讨会。

从我校与第一所台湾高校签署合作协议至今，海峡两岸高校间的交

146

流合作不断发展，中央财经大学只是两岸高校合作的一个缩影。我作为这一过程的参与者与推动者，感到很是欣慰。

作为学校的教师和校长，我有机会在校园里、课堂上接触到台湾学生。这些台湾学生都非常乐观，他们待人热情、友善，尊敬师长、学习勤奋，从他们身上，我看到了中华民族传统美德的良好传承。在与台湾学生的接触过程中，给我留下最深刻印象的就是他们洋溢着青春活力的笑脸。

我最近一次访问台湾是在2013年，当时随全国政协代表团拜访了台湾的许多单位，所到之处，时时都能体会到台湾人民的热情与友善，正是这种良好的社会氛围培养了这些温良谦和的优秀学子。台湾学者严谨的治学态度、深厚的文化底蕴、饱满的学术热情，以及台湾学界良好的学风也都给我留下了深刻的印象。

海峡两岸是"命运与共的骨肉兄弟"，是"血浓于水的一家人"，我们有着共同的历史文化背景，有着共同的学术先贤，我们之间的合作根植于深厚而肥沃的土壤，双方之间的学术交流更易擦出智慧的火花，学生交流更易建立深厚的友谊。两岸的骨肉亲情也在交流中得以充分的体现。就在今年上半年，我校法学院大三学生贺顶丹在台湾交换学习期间，找到了1949年赴台后从未见过面的三位表爷爷，在台湾感受到了与亲人团聚的喜悦，她无比高兴。

对于未来，我希望两岸的年轻人能够有更多的机会开展交流与合作；我希望能有更多更好的政策和鼓励措施，吸引和支持更多的台湾学生到大陆来，两岸学子同吃同住同学习，共同体验祖国的大好河山，促进双方学生心灵的契合，共同弘扬中华文化，共同推进实现中华民族伟大复兴的历史进程。这有赖于我们的共同努力！

以开放宽容的心态迎接全球化时代 ①

经济全球化是当今世界发展的一个重要趋势，随着现代科技的进步，交通工具现代化和网络普及，跨国公司业务的扩展，全球化的进程不断加快，任何一个国家的经济社会发展都会成为全球经济发展的一部分，一个全球化的新时代正在到来。

无论是发达国家还是发展中国家，在全球化进程中都应制定正确政策，在保护本国利益的同时，积极参与其中，实现全人类共同利益的最大化。但由于世界各国的传统、经济发展程度、社会发展状态存在显著的差异，在全球化过程中必然存在各种矛盾和争论。改革开放后中国在发展中快速融入全球化进程，与其他国家和地区也产生了诸多的不同意见和分歧，这些意见和分歧需要在改革开放的不断深入中加以化解。中国民众要以更加开放、宽容的心态面对全球化，用积极有效的交流沟通减少国际间因政治、文化、体制、观念等方面的不同而导致的意见和分歧，以最终实现全人类的共同发展。

改革开放以来，中国对外经济贸易和文化交流等各个方面均取得了巨大进展，正在快速融入经济全球化的进程。世界五百强的企业，绝

---

① 选自《中国教育报》2008 年 5 月 3 日第 2 版。

大部分都在中国开了分公司。2007年中国对外进出口总额为21738亿美元，占世界贸易总额的8%，仅次于德国，是世界第二大贸易国。对外贸易进出口额度与国内生产总值的比值为64.4%。从我国对外贸易统计数据来看，中国已经融入了国际社会，而且融入程度很深。可以说，中国在国际上的影响力也在不断增强，并被公认为是世界经济发展的重要引擎。2007年中国是世界第四大经济体，与德国基本持平。2008年中国很有可能超过德国成为世界第三大经济体，与美国、日本的经济差距也迅速缩小。

未来的中国将是世界上举足轻重的政治和经济大国，因此，我们也要承担起与自己大国身份相匹配的国际责任。中国只有以更加宽容开放的心态，以历史的眼光看待全球化，以辩证发展的思维理解全球化，才能更好地发挥国家影响力，才会带给全人类更多的福祉。为了更好地实现这一点，中国一方面要吸纳全人类创造的一切文明成果，另一方面也要研究经济、社会、政治、文化等各个领域的未来发展。落实在操作层面上，就是要培养具有国际视野和全球化胸襟的优秀人才。这些人才需要有更加开放宽容的心态，能够更为理性地应对各种矛盾冲突，需要有对全球、全人类负责的意识，担负起应有的社会责任，这样才能够在中西两个文化平台上自由转换，才能够在国际社会事务管理中游刃有余。

今年，中国有两件大事被世人关注，一件是举办奥运会，另一件是总结中国改革开放30年。应该说，奥运会不仅是一个向世界展示30年来中国改革开放成果的大好机会，也是一个向世人充分展示中国对外开放、宽容积极心态的良好平台。我们要抓住这个机会，利用好这个平台，向世界展现中国和让世界了解中国，为中国进一步融入全球化进程奠定良好的基础。

大学是经济社会发展的重要推动力量 ①

　　胡锦涛总书记在清华大学建校100周年庆祝大会上发表的重要讲话，深刻论述了教育特别是高等教育在国家发展中的重要地位和作用。中国百年发展的历史充分证明，大学是经济社会发展的重要推动力量。

　　改革开放以来，根据建立社会主义市场经济体制的要求，中国大学发生了深刻的变革，高等教育规模、结构、质量和效益不断优化，极大地支撑了中国经济30多年来的快速发展。

　　就高水平财经大学来说，需要培养更多既具有全球视野、能够把"国情和特点"与国际惯例结合起来，又能够坚定地维护中国国家利益、促进世界和平与发展的领军人才。目前在联合国、世界银行、国际货币基金组织等国际机构就职的人员中，中国人的比例还非常低，这与中国作为经济大国的地位很不相称。因此，我们要加快培养外语好、知识丰富、有管理各类国际事务的技术能力、有很好的国际眼光、有为全人类服务心胸的财经人才，使中国在国际经济秩序的建设和发展中发挥更大的作用。从我国经济自身参与全球化的发展看，中国经济国际化、中国企业走出去，也急需更多国际化的财经人才。2007年开始的金融危机对

---

① 选自《中国教育报》2011 年 4 月 28 日第 3 版。

现有的大学教育提出了挑战。因此，需要加快发展财经学科，努力建设高水平的财经大学。实现这样的目标，需要下大力气对大学生加以引导，鼓励他们树立远大的理想，自觉地肩负起这份重担；需要在课程体系构建和教学内容方面做到人文教育与科学教育的融合、通识教育与专业教育的统一，推行探究式的教学方法改革，努力培养学生们的创新思维、批判意识与独立人格；需要打造一支具有国际视野、负责敬业的高水平师资队伍。中央财经大学在60多年的办学过程中向国家输送了近10万名高素质的管理人才和一批担纲扛鼎的领军人物。如今，我们承担的国家教育体制改革试点项目"财经应用型创新人才培养模式改革"，就是希望在发扬过去好传统的基础上，能够在21世纪领军人才培养方面取得更大的突破，肩负起我们所承担的历史使命。

就高水平财经大学来说，需要在全球视野下开展学术研究。在全球化背景下，中国大学必须将学术研究的触角延伸至世界的每一个角落。在学术研究过程中，我们要特别重视与经济社会发展关系密切的重大国计民生问题，重视知识传承和创新，支持那些基础性、影响未来的研究，既要为社会提供现实发展所急需的成果，更要为社会提供未来发展所必需的新思想、新知识、新技术。

就高水平财经大学来说，需要有先进的办学理念，注重办出特色。办学理念要有稳定性，这个理念必须不断地继承、持续，在发展历史过程中为师生员工所接受认可，并内化为自觉的行为。同时，办学理念还要根据形势和环境的变化与时俱进。办学特色既体现在学科专业优势、教授研究特长和独特的人才培养模式等方面，也体现在有一套适应时代发展需要的和稳定的管理制度。当然，先进的办学理念和鲜明的办学特色要想真正让社会所认可，最重要的还是靠办学实践和不懈努力。

中央财经大学将秉持"求真求是、追求卓越"的办学理念，发扬"担当责任、勇往直前"的精神，更加突出办学特色，与中国高水平大学一道，努力成为推动中国经济社会向前向上发展的中坚力量！

树立多元包容价值观和评价观的重要性[①]

从媒体对林同学成长经历的报道可以看出，这起极端悲剧事件的发生，有很复杂的原因。一是现代经济社会高速向前发展，时代变革的巨轮裹挟着每一个人，无论是否做好了准备，无论是否有所应对，都只能随之前行，导致一些年轻人不太适应，心中焦虑，精神迷茫，认同感缺失。二是长期以来，我们的社会、学校和家庭对学生的教育和评价更多地关注知识的学习和智力的提高，而对学生在情商方面的滋养与塑造重视不够，方式方法也不能做到因人而异。对学生成长过程中所遇到的问题和困惑缺乏相应的指导，在学生形成正确的人生观和价值观方面引导不够。三是网络时代所构造的虚拟化世界，对青年人影响巨大。就这个案子而言，林同学长期以来积压的心理问题没有得到现实中家长、师友和专业人士的帮助和引导，在虚拟的网络世界里自怨自艾，心理的阴影通过自己的臆想被逐步放大，导致心理更加淡漠，不健康因素日渐累积滋长。

[①] 选自《人民政协报》2013 年 5 月 22 日教育在线周刊。《人民政协报》就 ×× 大学 ×× 同学被投毒案一事，围绕"面对问题青春，高校能有何为"采访了部分高教界全国政协委员并刊发了他们的观点。

论坛演讲与文章选录

对投毒悲剧引发的关注不应止于对原因的探究，而应引起我们对青年学生问题进一步关注，对构建未来美好社会的更深入思索。现在社会上一些比较功利、单一的评价标准，会对容易受到外界影响的青年人心理产生不良影响，因此，净化社会环境与弘扬正面的舆论导向，让青年学生树立多元包容的人生观和价值观，对他们的身心健康非常重要。

我和我的同事们都有一个理念：就是我们不能以统一的标准和功利的目的来评判我们的学生，比如，我们不以成绩好坏作为单一标准来评判学生的优劣与否，而是更多地关注其身上的潜力是否得到充分挖掘，其兴趣爱好是否得到充分满足；我们不以能当多大官、挣多少钱、做多大学问、有多高社会地位来评判校友们成功与否，而是更多地关注每位从中央财经大学毕业的学生是否正从事着他们自己喜欢做的工作，是否各安其位、各得其所，是否在追求实现自身梦想的过程中，充分施展了自己的才华和热忱，为这个社会贡献一份正能量、增添一份美丽、创造一份价值。换言之，作为社会精神的创建之地、引领之所，我们希望，努力建设自由、和谐、友爱的校园文化，尽可能地让每位学生都得到较为全面的发展，习得有益的知识和技能，养成团队协作的意识与精神，与教授保持亦师亦友的关系，与同学和乐相处，愉快地度过大学生活，让每位同学无论来自何方、无论毕业去往何处都能在心中真正感受到学校对他们的尊重、关心和爱护。

大学如何办出特色 ①

随着我国建设若干所世界一流大学和一大批高水平大学目标的提出，以及教育部启动高校本科教学工作水平评估以来，关于大学办学特色问题成为高校与社会广泛关注的焦点话题，特别是高等教育国际化趋势不断推进，大学之间的竞争日益激烈，大学特色更成为大学未来发展的关键。为此而举办的论坛、研讨会及发表的文章等纷纷出现，这种广泛的关注与认真的思考，对于大学更好地办出特色，更快地健康向前发展具有很大的促进作用。

一、什么是大学的办学特色

大学是社会发展中相对稳定的特殊组织，其功能主要是积累、传承、创造知识和文明，培养人才，服务社会并引领社会向前向上发展。在当前竞争日趋激烈的多元社会中，一所大学如果办不出特色，就会缺乏吸引力与竞争力。而所谓的办学特色就是指一所大学在发展历程中形成的持久稳定的、社会公认的、优良突出的特质，集中体现在四个方面。

---

① 载于 2008 年第 11 期《教育研究》。

论坛演讲与文章选录 ●●●

第一，学科、专业方面：在某些领域中形成了独特的优势和广泛的影响。如北京大学的文理科、清华大学的工科、中国人民大学的人文社会科学、耶鲁大学的法学等。进一步来说，学科、专业的特色是由教授（教师）在相关领域从事的研究特色与影响力决定的，教授的科学研究与自由探索带动了相关学科不断向前发展。因此，从某种意义上说，教授就是大学，教授在形成大学办学特色中发挥着关键性的作用，办学必须以教师为本。因此，大学要以学科建设为中心，而学科建设必须以教师队伍建设为根本。汇聚高水平的师资队伍，使有潜质的人才快速成长，对于提升学科建设极为关键。学校要为教师创造宽松的学术环境，遵守大师的成长规律，尊重其个性，构建学术交流平台。师资队伍应形成学术梯队，注重学术传承，寻求在研究领域中的创新。学术大师应起到引领学科发展的作用，体现大师的风范。

第二，制度安排方面：能够建立一套适应时代发展需要的、稳定的制度，有着独特的人才培养模式。牛津、剑桥大学的导师制，哈佛大学的选课制，MIT和斯坦福大学"学校—企业"的培养模式，都因其独特制度安排，形成了鲜明的人才培养模式而享誉世界。

第三，精神文化方面：注重大学文化的建设，形成了优秀的办学风格，并通过优良的校风、学风展现出来。大学的文化是大学精神的体现，对大学特色的形成有着重要的作用。大学精神和文化会形成特定的氛围，学生一进入校园就浸润其中，被潜移默化、陶冶熔铸。清华大学的"行胜于言"、哈佛大学的"让自由探索的空气漫布校园"等，这些高度凝练的大学精神文化都是办学特色的充分体现。

第四，人才培养质量方面：能够通过高质量的教学培育出在各领域内对科学研究和社会发展作出卓越贡献的毕业生。教育的最终目的是培养学生，也即办学以教师为本，而教育要以学生为本。当然，由于各大学之间不同的办学方式和不同的人才培养定位，培养出来的人才特质也不尽相同。也正因为如此，有特色的大学必然会因其独特的魅力吸引来自四面八方的优秀学生，通过大学教育使他们不仅在职业上而且在生活

大学的理念与中财特色

上成为一个自我激励者，一个对知识有渴求并且能够满足自己这种求知欲的人，一个能为社会向前向上发展作出贡献的人。

二、大学办学特色的形成及作用

第一，办学特色是在本源坚实的办学理念指引下形成的，可以说，先进的办学理念是办学特色的灵魂，没有以它作为指引，特色就很难形成，即使在某一时期有些特色，也容易成为断线风筝，迷失方向。大学的办学理念是大学发展的持久追求和理想愿景，它激励一代又一代的学人为实现和保持它而努力奋斗，最终形成了大学的特色。北京大学在蔡元培先生时期形成的"兼容并包"使它具有了比较"自由、民主"的特色；清华大学的"厚德载物"使它具有了"严谨、求实"的特色；斯坦福大学坚持以"有用与服务社会"作为其办学理念，随后才造就了以产、学、研一体化为特色的"硅谷"工业区这一奇迹；耶鲁大学也是在"坚持自由、追求真理"的办学理念下才形成致力于本科教学与注重领袖培养的办学特色。

第二，办学特色与大学的事先定位和具体设计有关，但最主要还是在大学历史发展过程中积累沉淀后自然凝结而成的，绝非一朝一夕之功，它需要学校几代师生员工广泛认可后自觉地坚守，不断地发扬光大。因此，对大学而言，尊重历史和传统与开拓创新都十分重要，要妥善处理好传统与创新的关系。20世纪二三十年代，我国有很多大学是很有办学特色的，但由于众多原因，后来有些大学似乎"泯然如众"了。可以说，特色与传统是紧密相连的，不懂得珍惜传统的大学必然不会形成自己的办学特色。

第三，办学特色的形成还要与时俱进，与社会形成良好的互动。虽然大学的办学特色与传统紧密相连，但是随着大学与社会联系日益紧密，大学发展形式不断创新，任何一所大学都不能故步自封，而必须不断适应与满足日益发展的社会需求，只有这样才有可能引领社会不断向前、向上发展，形成自己新的办学特色。例如，霍普金斯大学率先发展

156

研究生教育，以基础研究为主，开创了美国研究型大学的新时期，满足了当时不断发展的经济与社会发展对高层次人才与科学研究的需求，形成了自己鲜明的办学特色；威斯康星大学将研究成果应用到社会中，使大学开始走向社会的中心舞台；MIT能够很好地处理好大学与企业及联邦政府的关系，形成了将基础研究和教学与产业创新结合在一起的"MIT模式"，推动了大学的发展进程。

第四，办学特色在大学发展中的作用是巨大的。就单个大学而言，拥有鲜明的办学特色能够更好地自我定位，发挥自身优势，塑造卓越品牌，使之在国内外大学激烈竞争中脱颖而出、卓然挺立。综合性大学如此，单科性、行业性大学亦如此。就大学群体而言，倘若一个国家拥有众多特色鲜明的大学，大学群体就显得多元而有活力，就会出现百舸争流、群芳竞妍的良好局面，形成良性的竞争环境，促进大学整体不断向前发展。在竞争的制度下，一所大学有鲜明的特色，才会赢得社会认可，才能吸引到优秀的老师和学生。在某种意义上说，特色代表着质量，代表着竞争力，影响着现在，预示着未来。

三、不同层次的大学都可以办出自己的特色

虽然大学办学特色的实质内涵大体相同，但由于其建立的历史背景、秉持的办学理念、面临的发展环境千差万别，导致了大学之间各自特色的具体表现也不尽相同。一般而言，那些办学历史悠久且卓尔不凡的大学，只要人们一提到它，其鲜明的办学特色就能够立刻浮现在人们的脑海中。对于其他大学而言，大部分也都有自己的特色，有些大学的特色还非常突出，有些则可能还不够鲜明。对于每一所大学而言，不论它是处在哪个发展层次上，属于哪种类型，只要认清自己的办学使命与办学目标，明确自己的办学定位与发展思路，经过努力，都可以办出自己的鲜明特色，培养出在其所在领域中优秀的、走在前面的人才，在激烈竞争中占据一席之地。一个社会要想健康向前发展，不但需要拥有一批实力雄厚的综合性大学，也需要有一大批不同层次、不同类型的行业

性、专业性、区域性学校，充分发挥出它们各自不同的作用，满足多元社会的不同需求。

一所大学要办出自己的特色，需将自己放到国内外大环境中去进行研究对比，在对比中取长补短。要注重自己优势学科的建设与学科特色的培养完善，注重学科间的融合、交叉和支撑，结合地域特点与学科特点进行综合考虑。

四、大学应该做些什么

一所大学要想办出自己的鲜明特色，必须处理好以下一些问题：

第一，办学规模问题。从大学发展历史看，整体而言大学正在从"精英教育"走向"大众化教育"，大学整体规模是不断扩大的。但就每一所大学而言，规模应该多大没有一个固定的标准。其规模大小取决于自身的办学定位、发展阶段、毕业生的就业方向和社会需求、师资数量与水平、校舍条件和经费情况、办学质量等诸多因素。过分追求办学规模而忽视人才培养质量和特色并不是明智之举，因为大学的竞争力和声誉主要取决于质量和特色，规模大小并不是主要因素。世界上的著名大学有规模较大的，也有些规模并不大，如美国普林斯顿大学等。

第二，学科齐全问题。就综合性大学而言，学科齐全有利于各学科之间相互交叉与支撑，但并不见得每一所大学都要朝着综合性大学目标发展。这还是与自身的办学定位、办学层次等有着密切关系。相较于美国一些巨型大学而言，小而精的MIT学科就不是很齐全，普林斯顿大学也没有法学院和商学院，但它们都是世界顶级大学。因此，学科是否齐全并不影响一所大学是否卓越，也不影响其特色的形成。

第三，创新与传统的问题。大学的发展需要不断地创新，要着眼于未来，适应于需求，引领于发展。同时，创新也要结合大学自身的校情、历史和文化传统。大学的创新并不意味着简单地放弃原有的传统，而应在继承良好传统与光大特色的基础上进行。只有这样的创新，才有坚实的基础。因为现在的传统与特色就是过去创新的结果。因此，大学的发展既需要变革和创新，也需要继承和坚守。

第四，象牙塔与开放办学问题。在大学日益开放的今天，隔断大学与社会的围墙已被打破，类似象牙塔、近乎与世隔绝的大学已不复存在。我们在为大学能够不断适应与满足社会各种需求而感到高兴的同时，也应该冷静地思考大学本身存在的意义，对文化传承和引领未来的责任，今日大学如何在适应社会需求的同时保持自身存在的价值。理想状态下的大学是不是应该既与社会形成良性互动，又能保持自身的相对独立与纯洁？在这样的状态下应该更有利于师生的思考、研究、求知和探索，也更符合大学的价值和承担引领社会向前向上向好发展的责任。

第五，国际化与本土化问题。在经济全球化的时代背景下，不同国家间的大学交流与合作日益频繁，高等教育国际化是不可阻挡的趋势。已经有着百多年办学历史的中国现代大学应该如何面对这一趋势？毋庸置疑，我们需要积极参与这一进程。一方面，我们必须努力学习国际上一流大学先进的办学经验，拥有世界眼光；另一方面，我们也要在学习借鉴当中注意立足我国的国情、历史、文化等诸多因素，拥有民族情怀，提炼、传播我们的优秀文化和文明成果。"只有民族的，才是世界的"，在这个问题上同样如此。因此，在创办世界一流水平的大学过程中，应该体现出中国大学的特色与风采！

第六，政府管理与办学自主权问题。任何一所大学，其举办者都承担着管理大学的责任，但由于大学的特殊性和发展的内在规律，大学的具体运作和发展还是应该尽可能多地交给大学自身来完成。应该说，当前中国的大学有了较大程度的办学自主权，学术研究的氛围也日益宽松，大学发展迎来了国家经济快速发展与全球化的良好时机。在此大背景下，每一所大学如何找准自身定位，办出特色，改变"千校一面"的状况，是十分重要的一件事。要实现这一点，一方面，需要政府减少不必要的评比，改善具体项目的运作方式，继续扩大大学的办学自主权。政府重点是在宏观政策上给予指导，在经费上给予更多的支持，对办学水平与质量进行监督，鼓励更多的社会力量参与和支持大学的发展。另一方面，需要大学自身管理水平和发展能力的提高。办学自主权的扩大对大学自身的要求更高了，大学要有更宽广的视野、更强烈的责任感，遵循大学发展的内在逻辑和发展规律，在各自的基础上，办出特色，办出水平，以先进的办学理念和优良的办学成绩为经济发展与社会进步作出应有的贡献。

论坛演讲与文章选录 ●●●

关于办学定位和办学特色的四点思考①

办学定位和办学特色对于一所大学来说很重要。办学定位是指对学校的办学指导思想、办学理念、办学规模、办学层次、办学类型作出方向性选择，对学校的发展具有统领、引导的作用。办学特色是指学校在长期的办学过程中表现出来的有别于其他学校的独特的办学风格、独到的办学理念及在人才培养、科学研究、校园文化等方面的特色。西方国家历史悠久的著名大学，如剑桥大学在800多年的历史发展中、哈佛大学在300多年的历史发展中，已形成了相对固定的传统和风格。因此，这些历史悠久的著名大学并不经常讨论办学定位与办学目标。与这些大学相比，中国的大学有很大不同。中国最早的大学才100多年的历史，前50年又是一直在社会动荡中发展，目前的大学基本上都是新中国成立以后特别是改革开放以来快速发展的，成长时间非常短。面对全球化进程的加速和中国国际影响力的增强，对中国大学来说，深入思考"办一个什么样的大学，怎么办好这样的大学"是一个非常重要的问题。

---

① 载于 2009 年第 21 期《中国高等教育》。

一、关于多学科的思考

学校发展要对学科定位进行思考。以中央财经大学为例，学校原来学科主要涉及经济学和管理学两大门类，20世纪90年代中期扩展到法学和文学，近些年又扩展到工学、理学、哲学和教育学。虽然学科门类扩展了，但只是办了这些门类下一个或两个二级学科，学科基础还很弱。未来应该着重发展哪几个学科门类和哪些一级学科呢？怎样突出传统优势学科的特色？怎样支持新办学科和新兴交叉学科的快速发展呢？这些都是需要深入讨论和思考的。

当前，中央财经大学要办好已有学科，同时还要适当扩展。学校在中央财政金融学院时期只有财政、税务、金融保险、会计等几个传统优势学科，这些学科目前在国内仍排在前列，但是根据大学的发展规律和全球化竞争加剧的趋势，如果没有其他学科的支撑，要保持这些学科的优势并不容易。要增强这些学科的竞争力，必须要有浓厚的文理氛围。好的大学必须有好的文科和理科，学生才能有很好的人文素养和科学素养，优秀学子经过几年的学习和熏染，变成一个有知识、高素养的人。在各学科门类都蜻蜓点水地办一两个专业，每年招几十个人，那也不是综合性大学。中央财经大学的学科扩展要适度，不能什么学科都上，如果学科水平很低，不仅起不到相互支撑的作用，而且还会影响学校的声誉。

高水平大学中的所有学科都应该有一定的实力和影响。一般而言，高水平大学都有若干领先的一流学科，虽然不可能所有学科都是一流的，但也应具有较高水平。哈佛大学最弱的学科是工程，还排在全美第23位。中央财经大学最好的学科是财政、金融、会计、国民经济学等几个学科，都是全国重点学科。这些学科要保持优势并不容易，必须科学规划、创新、发展，要有高水平的创新成果，要有更加浓郁的学术氛围，就要有一批踏踏实实教书育人的教师，要有成系统的科学研究成果，形成一个非常好的教育教学和科学研究的氛围。要让人们一进入这个地方，就能感觉到这就是好的学术殿堂、好的学府，照这样做，才有可能成为一所好大学、一流大学。除经济学、管理学、法学之外的其他学科，在发展过程中给学校传统学科提供了很好的支撑，使学生的人文素养和科学素养有很大的提升，但还要考虑怎么使学科进入这个领域的前列，使学科和学校共同发展起来。中央财经大学的学科发展已经从经济、管理为主发展到以经济、管理、法学为主的多学科相互支撑、各具特色的新阶段，再过若干年可能会展示出人文社会科学都比较强，而且有一定的自然科学学科支撑的新前景。

关于学科，关键是提升水平，汇聚高水平的师资队伍，创造优秀研究成果，吸引具有潜质的学生，教授学生科学完整的知识和先进文明的思维方式，培养他们能够引领未来的创造力和实践力，这是大学及学科发展永恒的主题。

二、关于国际化的思考

国际化主要是指学校在办学过程中，要加强国际间的交流与合作,使教师和学生具备国际眼光、国际视野，受到国际多元文化的熏陶。国际上有名气的、有影响的大学基本上都是国际化的大学，要办高水平的大学，就必须国际化。全球化进程在加速，中国在迅速崛起，中国作为大国承担着越来越多的国际责任，就中央财经大学来说，不可能不办成国际化的大学，如果不实行国际化，那么学生就没有国际竞争力，也就无法承担起促进国家和社会发展的重任。

一是国际学生要有一定的比例，学生来源要国际化。在多民族、多元文化的交流当中，学生素质自然就会提高。如果一个学校里有1/5或1/6的学生来自世界各个国家，学生就可以在多元文化氛围中学习成长了。这对优秀文化的相互传播和融合，对学生未来的发展，对全球社会的更加和谐必然有利。

二是国际教师要有一定的比例。学校应将每年在校工作两三个月以上的外籍教师编入教职工名册，给予合适的工资和保障。要有相当的外籍教师比例，才能办成国际化的大学，国际教师是学校快速发展的重要

163

因素。近些年学校教师中具有海外学习工作经历的比例越来越高，是大学国际化趋势的必然反映。

三是国际化的教学内容和教学方式。教学内容要反映国际前沿的成果，采用优秀的教材，采取启发式教学方式，鼓励学生自主学习，培养创新思维能力，注重学生个性化发展。这种方法对教师的要求更高，学生有问题问老师，教师要真正能够提供帮助，引导他们，没有高水平是做不到的。有高的学术水平才能有高的教学水平，有高的教学水平才能有好的教学方法。如果我们每个领域的专家都有特长，学科也就强大了，学生经过熏陶，自然也就成为人才了。

四是实质性的国际交流合作。目前，学校已经与80多个国外大学和国际机构签订了正式合作协议，建立了国际化的优势学科创新平台，成为首批"国家建设高水平大学公派研究生项目"46所高校之一，是接受中国政府奖学金来华留学生院校和教育部首批全国53所"接受来华留学生政府奖学金项目"的高校之一，同时也是承担我国为发展中国家培养高级经济管理人才任务的高校之一。在此基础上，通过加强与国际高水平大学的紧密合作，互派学生，提供实质性的交流平台，才能够真正让学生受益。

总而言之，国际化的目的是使大学具备多元文化、国际视野及社会责任心，只有如此，才能担负起为国际社会服务的责任。

三、关于研究型的思考

国际化的高水平大学哪有不是研究型大学的？如果不是研究型大学，引领学科发展是不可能的。要引领未来发展，要培养各界精英、领袖人物，要担当责任的话，必须是研究型大学。怎么办研究型大学？研究型大学的标志是什么？

一是研究生的比例。研究型大学的学生中，研究生比例一般都较高。这有两个原因：一个是研究型大学注重研究型人才和未来各界领袖人才的培养，这类人才经过研究生阶段的继续学习和研究，起点会更

论坛演讲与文章选录 ●●●

高，成功的几率也更大。另一个研究型大学的科研成果大多数是由师生共同完成的，在高水平导师的指导下，研究生、特别是博士生是科学研究的生力军。研究生比例高，科学研究队伍就增强了。

二是科研成果。研究型大学应该有很高的科学研究水平，科研成果应该领先，并且应该经常涌现创新性成果，对基础科学和社会发展能起到引领作用，这是很重要的指标。国际大学排名，科技发明、学术奖项很重要，每个大学出了多少成果，获得多少奖项，是很重要的指标。一所大学的教师中有若干位诺贝尔奖获得者，有几十或上百人拥有院士头衔或一级学会荣誉职务，那这个学校的国际影响力就很大。

三是学科水平。研究型大学的学科一般都能排在前列。全球排名前100位的大学，基本上都有排名第一或第二的学科，至少在排名前10位的某些或某个学科中能够找到这些大学的名字。

四是集中了优秀的教师，吸引了具备潜质的学生，培养了社会各界的精英领袖。建设研究型大学，必须汇聚一批思维敏捷、有创新精神、热爱教育事业、科研水平高的优秀教师，还要招收最有潜质的学生。这样的大学才称得上研究型大学。就中央财经大学而言，每年招收的学生是2000多万同龄人中排在前几万名之内的佼佼者，毕业生成为社会各界的精英。学校教师总体上是优秀的，有几十位教师已走在了学术前沿，其中有些教师已经具有国际水平，但高水平教师的比例还是太低，如果这个比例达到50%以上，那么学校肯定就是高水平的研究型大学了。我们一定要营造一个尊重教师、尊重学术的氛围。每一个学院、每一个学科做自己发展规划的时候，一定要特别注意这一点。

四、关于特色的思考

一是学科专业。大学发展的历史表明，高水平大学往往都是扎根于本国社会历史和文化土壤之中的，在为经济社会发展服务中，逐步确立了自己的学科专业特色，形成了各具特色的办学传统和风格，从而赢得了崇高的社会地位和国际声誉。说到学科专业特色，北京大学的文理

165

科很强，清华大学的工科很强，中国人民大学的人文社会科学很突出。相比较而言，中央财经大学的学科专业特色就是财政税务、金融保险、会计学等财经管理类学科，学界和社会都认可。研究国外的大学也是如此，剑桥、牛津、哈佛、耶鲁都有影响巨大、全球领先的一流学科。

二是办学特色。首先，要有先进的办学理念，还必须稳定，而且这个理念必须还要有传承，有创新。先进的理念需要不断地继承、发展、持续才行。其次，是发展历史过程当中的积淀。最后，大学的办学特色体现在学校建立有一套适应时代发展需要的、稳定的制度，有着独特的人才培养模式。

三是学生特色。用人单位普遍反映，中央财经大学的毕业生上手快，政策水平高，很务实、能共事，忠诚、踏实、肯干、会操作、讲原则，等等。我们自己的表述是"思想品质好、政策水平高、动手能力强"。其实，全校学生的理论素养和创新能力也很好，可以概括为两句话，即"理论和政策水平高，实践与创新能力强"。

讨论办学定位和办学特色，目的就是要明确努力的方向。真正让社会认可，还要靠办学实践，看我们在实践中干得怎么样。在学校的发展过程中，办学定位还需要与时俱进，我们必须抓住机遇，在特定的时期内奠定未来发展的基础。研究世界著名大学的发展历史，我们发现很多好的大学，特别是后起的大学，就是在发展过程中抓住了某个或某几个机遇发展起来的。

加快新兴交叉学科建设 ①

高水平特色学科的形成、保持和发展，需要若干相近学科的相互支撑，因此，办好以特色学科为中心的若干学科群是极为必要的。

学科的交叉与综合发展、学科设置的综合化，有利于促进自然科学、社会科学、人文科学的交叉、渗透、融合与创新。一些世界一流大学就是由于在这方面做得突出，才形成了自己的特色而享誉国内外。

为了认识、传播已有知识和研究、探索新知识，人们对包罗万象并不断扩展的认识对象进行了分类。学科便是指某一相对集中的知识领域，是相对独立和比较完善的知识体系。

学科建设是大学发展的核心内容，也是大学发展的永恒主题。大学的学科是社会经济、政治、文化全面进步的重要基础和推动力量，是孕育新知识的摇篮。20世纪80年代中期至90年代初期，国际教育界曾就这一问题进行过大讨论，并对21世纪的学科发展进行了预测和展望。十几年来，许多高校制定了学科发展规划并采取了一系列重要举措，学科建设取得了巨大成绩。

一所大学的水平、地位、声誉和社会影响力是由自己最好水平的学

---

① 选自 2005 年 1 月 17 日《中国教育报》第 2 版。

科决定的，大学要发展，就必须努力办好自己的特色学科。高水平特色学科的形成、保持和发展，需要若干相近学科的相互支撑，因此，办好以特色学科为中心的若干学科群是极为必要的。但是，由众多因素决定的大学规模的内在合理界限又决定了慎重选择学科群的重要性。

与此同时，由于社会多样性和科学技术的发展，还应该特别重视新兴学科和交叉学科的发展。新兴学科是在传统学科深化发展的基础上诞生的，具有新的生命力，呈现着新的发展方向；交叉学科是利用多学科优势，多视角研究重大问题，是另一重要的发展方向。

当今世界，人类所面对的许多重大课题需要运用自然科学和社会科学知识综合加以解决。现代科学技术上的重大突破越来越多地出现在学科之间的空白地带上，出现在学科的交叉渗透和转移中。

从当代科学发展看，一方面，分类的研究更精细、更深入，在深度和广度上继续拓展，新的前沿科学不断涌现；另一方面，综合化趋势更加突出，学科交叉呈现更大跨度的趋势。自然科学各学科之间的交叉融合、自然科学与人文科学之间相互渗透及人文社会科学之间交叉融合，不断形成新的学科研究领域。

在新兴交叉学科方面，人文社会科学领域与自然科学领域有所不同。自然科学领域的新兴交叉学科一般会产生新的、前沿性的科技发明和创新；而人文社会科学领域的新兴交叉学科则会拓展研究的视角，利用多方面知识的综合，从不同的角度进行更深入的研究，促进人类对人与自然、经济与社会发展产生新的认识，有利于解决人类发展中的重大社会问题，使社会发展更加健康与和谐。

学科的交叉与综合发展、学科设置的综合化，有利于促进自然科学、社会科学、人文科学的交叉、渗透、融合与创新。一些世界一流大学就是由于在这方面做得突出，才形成自己的特色从而享誉国内外。

在全球经济一体化和强调以人为本，全面、协调、可持续发展的科学发展观的今天，我们要准确把握世界高等教育学科发展的趋势，具有前瞻性和战略性眼光，积极扶持、发展交叉学科、边缘学科、新兴学科，对在传统学科基础上产生的新学科要鼓励、支持；还要创造一个宽松的、竞争性的环境和条件，促使新兴、交叉、边缘学科的产生和发展。在新兴交叉学科的发展过程中，特别需要注意，新兴学科的发展必须依托于它的母体学科，这样才能有发展的基础和后劲，不能为新而新，一味求新，否则就成了无源之水，无本之木，难以发展下去和达到高水平。在发展新兴学科时，母体学科（基础学科）不但不能削弱，还要加强，二者兼顾，相辅相成。

近几年，中央财经大学在学科建设中对新兴学科、交叉学科、边缘学科给予了高度重视，进行了积极探索，设立了保险精算、金融工程、经济社会学、体育经济与管理、财经新闻等学科专业。这些学科专业的发展呈现出良好的势头，前景非常广阔。

优秀的创新人才有哪些特征 ①

关于创新与创新型人才培养的题目，近几年讨论得比较多，大家都在关心这个问题，观点上的争议并不大。难的是我们应该怎么做，以及能不能做得到、能不能做得好。

诺贝尔奖获得者，每年媒体都会报道。我们分析过，获奖者通常有几个共同点：都对所从事的研究有浓厚的兴趣，并且都固守在这个领域，没有多少跳槽的；都有很好的科学素养，受教育的大学、机构和工作的大学机构，以及周围的老师和同事都是一流的；都具有献身科学的精神；都有创新性的思维、丰富的想象力和科学的先进的研究方法；都有平静的生活，都有宽松的环境和闲适的心态；都充满了对他人、对社会、对自然的爱心和责任感。

我们中国离诺贝尔奖有多远，哪年才能获奖呢？分析一下我们的社会环境、生活条件，分析一下我们现在的人才状况，大家都会得出各自的结论，例如，我们的社会是不是太浮躁了，我们是不是太急功近利了，等等。

一个社会、一个民族的创新能力和创新水平，与这个社会、民族的

---

① 选自 2008 年 10 月 27 日《中国教育报》"2008 著名大学中学校长峰会发言摘登"。

科学素养有关，与这个社会、民族的价值取向有关，与这个社会的条件和宽松的环境有关。除此之外，还要有爱心和责任心，有爱心才能热爱生活、创造生活，有责任心才能造福于人类。

我读过一本书，书名是《比上哈佛更荣耀》，收录的是2006年美国高中毕业生中获得美国总统奖的部分获奖人，从获奖者的感言中，我可以总结出几点：首先，他们从小都受到了良好的家庭教育，他们家庭条件都并不怎么优越，但都是在快乐和鼓励中成长起来的。其次，他们中学时代都积极参加社会活动和社会服务，并从中获得乐趣和社会知识，他们一上中学的时候就知道，大学喜欢那些积极参加社会活动，关心他人、心怀社会、全面发展的学生，所以在中学的时候都在努力。最后，他们进入大学后刚刚半年时间，就能够进行独立性思考，并且承担起社会责任。因此，在我看来，小学生主要是快乐成长，中学的时候应加强社会活动，到大学里面最重要的就是好好读书和担起社会责任。

财经人才的需求走向与培养 ①

世界性的金融危机，使得许多金融机构降低了人才储备预期，大幅度地缩减招聘计划。这种情况一方面对财经类高校毕业生的就业产生了一定的影响，更重要的是，社会对财经人才的要求发生了很大变化。

一、新形势下的新要求

金融危机固然对经济增长和就业产生影响，但也是一次经济深刻调整的契机，对于财经行业的人才需求也同样如此。当经济发展态势很好的时期，各类财经人才都会得到比较充分的就业机会；但是当危机出现了，大浪淘沙，市场就会对财经人才的知识结构和能力结构提出新的挑战和更高的要求。面对新的经济发展形势，作为主要以财经人才培养为主的高校，一方面要认识和把握需求变化，另一方面要根据新形势新要求进一步明确和调整人才培养思路。

对迅速发展的中国而言，如何实现可持续的财富增长和社会发展成为当前最重要的挑战。企业则需要在日益多元复杂的全球化背景下，从治理结构、财务制度、资本运作、风险监控等多方面，完善运营机制，

---

① 选自 2010 年 12 月 1 日《光明日报》和 2011 年第 10 期《高校领导参考》。

172

在产业转型与升级中抓住机遇。

全球经济的发展需要大量优秀的财经人才，中国的发展也急需创新型的财经人才，有雄心的企业尤其欢迎高水平的财经人才。金融危机凸显了对人才需求的新要求和新标准，使我们越来越深刻地认识到培养高素质财经人才的重要性，也促使我们在人才培养方式的创新方面进一步加大力度。

二、新要求与新策略

我国的特殊国情、现代化建设的阶段性特征和发展社会主义市场经济的现实要求，为财经类人才成长和理论政策研究提供了广阔的舞台和肥沃的土壤，这是任何国家都不能比拟的。当前应对国际经济危机，实现保增长、保民生、保稳定，推动经济调结构、上水平，更加迫切需要加快发展财经学科，加快培养具有国际视野，怀有社会责任感、熟悉国情和经济规律的财经人才。

在这种环境下，中央财经大学进一步明确了人才培养目标：我们的教育就是要使学生能够适应国际经济与社会发展的需要，成为富有高度的历史使命感和社会责任感，具有深厚理论功底、精湛专业能力、良好综合素质、优秀人格品质和国际视野的创新型精英人才。

财经类毕业生一定要成为社会需要的综合人才，不仅要具备科学、宽厚、扎实的专业知识，而且还要形成良好的科学与人文素养，同时还要积极培养实践能力、创新能力，能够比较从容地面对来自岗位、来自社会发展不确定性的挑战。在经济全球化的背景下，具备良好的国际视野无疑也是成为高水平财经人才的必要条件，而最为重要的一点则是要具有崇高的理念和"兼济天下"的责任心，如无高尚之情怀、担当之信仰，也很难成就大器。

培养目标的确定为培养路径的选择提供了前提。大学一方面坚守着大学理念、大学精神，要培养有社会责任感、有良知的优秀的学者，引领未来社会；另一方面要考虑现实的就业压力，培养适应社会的优秀人才。最根本的办法就是提高大学教学水平，努力培养创新型、实用型和复合型人才。要做到这一点，我们认为，要从以下几点着手：

一是注重师资队伍的打造。因为只有一流师资才能形成一流教育，只有一流教育才能产生一流人才。

二是注重研究成果的蓄养。因为只有一流的研究才能保证一流的教学，只有一流的教学才能形成一流的贡献。为实现研究型大学的发展目标，近年来，中央财经大学在加强应用政策研究投入的基础上也加大了对基础理论研究的跟进。学术上不仅积极分析与借鉴国外的经验，同时注重中国特色、中国气概、中国风格。在应对金融危机期间，学校承担了"全球金融危机冲击下的中国：宏观经济政策选择和结构调整""国际金融风险预警体系研究""基于经济周期的金融危机防范研究"等重大课题的研究工作。

三是持续不断地实施有针对性、有特色的教学改革，完善人才培养模式。这一过程重点抓好教材建设、教法创新、实践教学三个环节，对学校教材建设要进行规划与设计，并建立相应教材建设管理制度，加强对选用教材的全面质量管理，保证教材编写、使用的质量。学校还需重视教学方法与手段的改革，通过加强案例教学、实行分级分类教学、以现代网络教育形式开展辅修专业教育、搭建教学资源库平台等，调动学生的学习积极性。在实践教学环节，学校可根据学科特点，构建相适应的实践教学内容与体系，在实验教学、课程实习、专业实习、毕业实习、社会实践和社会调查等各类实践教学环节加强管理和质量监控，不断提高实践教学的水平。

不创新也就无以坚守，但不能太急功近利，过度强调适应与引领。未来中央财经大学的发展目标是建成高水平研究型大学，能够成为社会精英人才的培养基地、研究重大经济社会与实际问题的科研基地、为国家经济社会决策提供智力支持的思想库。中央财经大学要通过国际化发展战略和高等教育大众化背景下的精英教育，办成多科性、研究型大学和国际名校，这是我们应承担的责任。

关于提高中国财经人才培养质量的几点思考 ①

改革开放30多年来，中国高等财经教育取得了突飞猛进的发展，一批又一批拥有新知识、新思想的财经人才走出校门，投身于伟大的经济社会建设大潮中，为中国经济持续健康快速发展作出了重要贡献。目前，中国的经济总量已位居全球第二，占全球生产总值的比重已达10%。在经济全球化快速发展的背景下，认真总结过去30多年来中国财经人才培养的经验，探索在规模增长的同时着力提高财经人才培养质量的道路，以满足未来经济社会发展的需求，对中国高等财经教育而言，是一个十分重要的问题。

一、改革开放 30 多年来，中国财经人才培养质量显著提升

改革开放以来，中国高等财经教育紧跟国家经济社会发展步伐不断向前跃进。从计划经济体制逐步向有中国特色社会主义市场经济体制的

---

① 本文由杨禹强根据作者在南京财经大学"第六届中国经济学教育年会暨院长（系主任）联席会议"和安徽财经大学"高等财经院校第五届校长论坛"等近期研讨会上的讲话整理，选自 2012 年第 2 期《中国大学教学》。

转变，每一个微小的变化与进步，都会带来高等财经教育的新突破，而每一次突破，都会促进财经人才培养质量的提升。如果翻看改革开放之初中国高校关于财经人才培养的方案，回忆当时所学习的知识，与现在进行比较，我们就会很容易地发现，这30多年的变化是显著而深刻的。改革开放之初的教学计划主要还是有关计划经济体制下的经济理论，现在已经被更能反映经济发展规律、符合社会实践的新理论所替代。财经专业当时还学打算盘，现在的学生们都是互联网一代，所学所用、所看所思与欧美发达国家的学生几乎同步。高考恢复后最初的几届大学生，紧跟改革开放大发展的步伐，在教学计划和课程体系并不很完善的情况下，如饥似渴地获取新知，努力拓宽视野，师生共同研讨，其奋斗精神、奉献精神和创新精神使他们跟上了时代大发展的潮流，其中的佼佼者还在各自的领域引领了时代的发展，但囿于时代大背景，他们的知识结构、外语、数学、计算机的掌握能力，在总体上还不能与现在优秀的学生相比。后来的年青一代，特别是现在学习财经专业的年轻学生，处在经济全球化和信息化社会，中国已与世界融为一体，有30多年经济高速发展的伟大实践，学校为他们制定的人才培养方案和搭建的课程体系更加科学与合理，教师们传授的知识更为先进与正确，加上他们能够很便捷地获取最新的信息，如果他们能够充分发挥自身的聪明才智并刻苦努力，他们就会拥有更为宽广的知识结构，更为开阔的视野，更强的综合素质，更加自信，人才培养质量自然也更高，更能满足我们国家经济社会发展的需求。

因此，我认为，这30多年来，中国财经人才培养质量是不断提升的，这与以下五个方面的原因紧密相关。

（一）教师队伍整体水平显著提升是财经人才培养质量提升的关键因素

改革开放后，随着国家工作重心转向经济建设，当务之急就是培养财经管理人才，而人才培养的关键靠师资。在这种背景下，一度在"文革"期间遭受冷落的财经领域老专家与老学者便重新活跃起来，他们怀着无比激动的心情走上讲台，教书育人，潜心学问，建言献策，提携新人。我本人就直接受益于这些老教授们的教诲。比较而言，我们这一代人显得更幸运，亲身感受并参与了30多年来推动中国现代化建设事业大步向前迈进的伟大征程。从大学毕业后留校教书，一路走来，我能明显感受到包括财经类大学在内的学校教师队伍整体水平得到显著的提升。这体现在：就学历层次而言，当年优秀本科毕业生就可以留校当老师，逐步过渡到当前不但要求博士毕业，最好还要有留学背景，教师队伍学历层次明显提升，知识结构更加合理，学科背景更加多元；就年龄结构而言，当年教师队伍中主要以老教师为主，逐步过渡到当前老中青结合、以中青年为主，教师队伍显得生机勃勃；就研究方法而言，当年经济学研究主要以定性分析为主，逐步过渡到当前定性分析与定量分析相结合，同时在高度重视马克思主义经济学理论的基础上，对西方经济学理论能够更加客观公正地予以对待；就学术视野而言，从当年更多地关注中国国内经济现象，逐步过渡到当前在经济全球化背景下研究中国与世界的经济发展问题；就理论研究与应用研究而言，从当年更多地注重理论研究，逐步过渡到当前理论研究与应用研究并重，学术界与业界联系更加紧密，相互促进更加明显。这些变化，自然提升了财经学科教师队伍的整体质量，而师资队伍质量的提升，自然促进了人才培养质量的提高。

（二）实行改革开放、借鉴欧美一流大学先进经验为财经人才培养质量提供有利环境

改革开放使中国重新融入世界，促进了中国经济、政治、文化等各方面发展。就改革与开放而言，放眼世界，学习与借鉴发达国家的先进经验，以促进中国现代化，从某种意义上而言，其推动作用比改革更大。开放促使中国加大了自身改革的力度，以适应世界潮流，而更大力度的改革也促进了中国在更大范围与更高层次上的开放，两者是相得益

彰的。就高等教育而言,开放使中国大学更多地与世界其他大学、特别是一流大学进行更多的交流,在交流过程中,发现自身存在的问题,然后结合中国的实际进行改革。20世纪80年代,中国高等教育大胆地进行体制性改革,与这种开放学习密不可分。就高等财经教育而言,由于自身与中国经济社会建设密切相关,改革开放更是促进了其发展。在学习借鉴西方经济学理论过程中,我们能够从另外一个视角比较和反思新中国经济社会建设过程中出现的问题,同时怀着好奇心去探究欧美国家在经济发展上取得成功的原因,无形中增加了西方经济学理论对当时放眼看世界的中国学者的吸引力。这不但体现在20世纪八九十年代重新对西方经济学理论的认识与学习,也体现在借鉴欧美国家一流大学在经济管理人才的培养模式、课程体系、教学方法等方面的成功经验。特别是越来越多的高校师生走出国门,访学或留学海外,身临其境地观察与体验欧美国家一流大学的教授所采取的教学与研究范式,回国后,这些教师自然地将这些鲜活的经验应用于课堂上,实践于研究中,这个过程有力地促进了中国财经类学科专业的发展,自然提高了财经人才培养的质量。

（三）不断完善课程体系、更新教学内容是财经人才培养质量提升的重要保证

实行改革开放后,中国的经济社会发展进入了日新月异、欣欣向荣的新时期。特别是告别计划经济体制后,面对无形的市场和激烈的竞争,不论是政府宏观经济部门,还是企事业单位,对高素质财经人才的需求更加强烈,而原有的经济理论一时很难指导与解释正在发生的伟大社会实践,固守原有的人才培养模式也很难满足社会的现实需求。在这样的背景下,各高校纷纷对财经人才培养模式进行了改革,除了参照国外高水平大学在培养财经管理人才方面的先进经验外,还注重立足于中国的改革实践,兼顾财经人才培养的特点与市场需求,不断地完善财经人才培养的课程体系,搭建合理的知识架构,更新教学内容,改进教学方法,特别是批判地吸收了西方经济学理论,以及对我国改革开放实践中出现的新现象、新问

题进行分析总结的新成果，使学生们既能掌握经济学基本理论知识与专业知识，又能够对中国改革开放伟大实践有更为深刻的理解，最终形成发现问题、分析问题和解决问题的能力，这对财经人才培养质量的提升无疑起着重要的作用。

（四）越来越多优质生源报考财经类专业是财经人才培养质量提升的基本条件

吸引优质的生源是办好一所高水平大学的关键，因为在同等条件下，优秀的学生更容易被培养成为高质量的人才。在30多年的发展过程中，社会对财经类人才的需求不断增加，财经类专业从冷门专业变为热门专业，大多数高校都开设了财经类专业，特别是那些高水平的大学，吸引着越来越多高素质的学生报考，高等财经教育处于繁荣发展中。尽管在这个过程中也存在着这样和那样的问题，但近20年来，财经类专业成为众多高考考生首选的热门专业之一却是不争的事实。这些优质的生源，经过充分的培养，更容易成为高质量的人才，步入社会后，他们自然比同龄人更能促进经济社会的发展，取得更大的成功，作出更大贡献。这反过来又激励着新一代对财经类专业感兴趣的优秀学生报考，这样良性循环，互为因果。

（五）教育部的政策指导、组织协调是财经人才培养质量提升的有力保障

回顾历史，我们可以发现，中国高等教育质量的提高，特别是财经人才培养质量的提高，与教育部政策指导、组织协调的重要作用密切相关。在20世纪80年代末，国家教委在全国评选了416个高等学校重点学科点，涉及107所高等学校，利用1亿美元的世界银行贷款和其他渠道的经费，进行了重点建设资助。这个重点建设项目在促进人才培养质量提高、培养高水平教师队伍、提高科学研究能力和增强高校服务社会水平等方面作出了重要的历史贡献。与此同时，教育部还启动了核心课程建设工程，围绕人才培养对各学科专业的核心课程进行科学设计，财经类

专业自然也从中受益良多。到了20世纪90年代，为了应对21世纪对创新型人才的需求，各个国家先后进行了高等教育改革。教育部启动了"高等教育面向21世纪教学内容和课程体系改革计划"，在此基础上于2000年启动了"新世纪高等教育教学改革工程"，这两大工程，对高等教育人才培养模式、教学内容、课程体系、教学方法等进行了综合的全面的改革研究与实践，推动了中国大学教学改革向纵深发展，突出了教学改革的整体性、综合化和实践运用，对提高人才培养质量起到了十分关键的作用。进入21世纪，教育部于2003年推出了"高等学校教学质量和教学改革工程"，以全面提高我国高等教育人才培养质量。该工程从刚开始围绕精品课程建设、教学名师奖、大学英语教学改革、高校教学评估等方面进行重点推进，逐步拓展到专业结构调整与专业认证、课程和教材建设与资源共享、实践教学与人才培养模式改革创新、教学团队与高水平教师队伍建设、教学评估与教学状态基本数据公布、对口支援西部地区高等学校6大方面的重点建设。2011年教育部又推出了"本科教学工程"，更加着力于提升人才培养质量。这些工程和项目对提高高等学校教学质量、促进人才培养模式改革取得新突破、增强学生的实践能力和创新精神、提高教师队伍整体素质等各个方面起到了不可替代的作用。

二、培养具有国际视野和创新精神的高层次财经人才是中国高等财经教育面临的重要任务

目前，中国经济实力已位居世界第二，但在联合国、世界银行、国际货币基金组织等国际机构就职的人员中，中国人的比例还非常低，这与中国作为政治与经济大国的地位很不相称。随着中国经济持续地发展壮大，全方位地向世界开放，必然需要中国高水平大学培养出更多高层次的财经人才，去更好地维护中国国家利益，推进世界和平与发展。

在全面提高财经人才培养质量过程中，除了依靠大学自身努力、依靠广大师生辛勤探索与创新外，仍然需要国家更大的投入，尤其是仍然需要教育部的带领与指导，同时，也需要进一步推进高等教育体制的改

革，促使中国大学更深度地走向世界，在与其他国家高水平大学良性竞争中不断地发展与提升自己。在这个过程中，不同的大学需要根据自身的定位与条件，选择符合自身发展的路径。特别是对高水平大学而言，肩负的责任更加重大，要根据未来社会的真实需求，谋划好在经济全球化背景下自身发展的愿景与战略，既要努力开拓创新，更要珍惜自身的传统与特色，要有定力，不人云亦云，不随波逐流。就高水平的财经类大学而言，培养高层次财经人才是其必然要肩负的历史重任。

所谓高层次财经人才，其前提自然是高质量的人才。就我个人理解，高层次财经人才应该具备以下几个条件：第一，要有完整而准确的知识，理想的状态应该是科学与人文知识兼备，对东方与西方知识均有所涉猎，知识面既要宽，同时在某个领域还要有一定的学习深度。只有这样，其看待问题时才会全面而不偏颇，客观而不似是而非。第二，要有科学的理论，这种理论能够解释现实，预测未来。第三，要有能力，也就是能将自身所掌握的知识与理论，转化为发现问题和解决问题的能力。第四，要有高素质。这种素质是知识、能力与自身修养的结合体与沉淀物，是一个人无形的魅力之源。第五，要有良好的思维方式，看问题和处理问题时，不钻牛角尖，既尊重和包容他人的意见，又能坚持自己独特的见解。第六，要有全球的视野。第七，要身心健康，人格健全，这一点非常重要，是立人做事之本。特别是在当前社会转型时期，乐观向上的心态、健全的人格可以使人从容地应对所面临的难题、所遭遇的挫折，心怀善意地去对待和帮助周边的人。

三、如何培养高层次的财经人才

世界各国的竞争，归根到底，既是各国普通民众素质高低的竞争，也是高层次人才之间的竞争。那么，如何才能培养出高层次财经人才呢？培养高层次财经人才所要做的事情很多，我个人认为，以下三个方面显得尤为紧迫。

（一）革新教学内容

正如上面所言，高层次人才需要具备完整而准确的知识和科学的理论，而要具备这两个条件，就必须对当前财经人才培养模式，尤其是教学内容进行改革。高水平大学培养高层次财经人才，其教学内容要充分体现对中国改革开放30多年来的经济社会实践进行规律性地总结与认识，要充分体现对国际上最先进的知识、理论与思想的吸收与借鉴，要充分体现对未来一段时间中国和世界经济发展趋势的判断与把握，归结一句话，就是要做到小平同志所强调的"面向现代化、面向世界、面向未来"。教学内容只有体现出这样的水平，才有可能培养出具有国际视野和中国情怀的高层次领军人才。但是，目前中国大学还存在着这样一些问题，如对西方经济学理论引进的系统性、条理性和科学性还不够，课程设置还比较散，有些内容重复比较多，对学生思想和理论的指导不够，必须加紧改进与完善。首先要努力使西方的经济学理论中国化，使中国改革实践的经验理论化和国际化。其次是要为学生搭建合理的知识结构和理论体系，特别是要了解本国甚至人类经济发展历史，掌握经济学研究方法。

在目前财经教育的教学体系中，对"史"的研究和重视程度是不够的，这也造成学生普遍地忽视历史学习。如果一个学习财经专业的学生，对本国经济社会发展的历史不清楚、对本学科专业发展的历史不清楚，那他就很难成为高层次的财经人才。同时在经济学研究方法方面，我们越来越多地强调数量分析与模型建造，采用计量方法，这固然对促进经济学研究的科学性有好处，但是我们也不能忽视了经济史和经济思想史的研究，不能忽视经济学是一门社会科学的本质。因此，在推进经济学研究与教学过程中，我们必须更加注重引导学生以问题为导向的研究，综合采用自然科学、历史学、计量分析和哲学等方法来思考与研究经济现象与问题。

（二）改进教学方法

长期以来，教学方法的改革一直都是人才培养模式改革的重要环节，各高校也都很重视教学方法和手段的改进，虽然也都取得了一些进步，但对培养高质量的财经人才而言，这项工作仍有很大的改进空间。关于教学方法的改革，我觉得需要我们整个教育界进行一次大范围、深层次的大讨论，尤其是对那些承担着培养高层次人才任务的高水平大学来说，显得尤为重要。社会上经常有人批评我们高校不能培养出像钱学森那样的高层次创新人才，国外也有人认为，中国的大学生创新意识不够。我想，造成这些问题的原因有很多，其中一个原因是与教学方法不当有关。我们的一些教师还不能很好地掌握教学这门艺术，不能充分地挖掘每位学生身上所蕴藏的无穷的求知欲与好奇心，自然也就无法调动学生自主学习的积极性与创造性。因此，我们必须牢固树立以学生为中心、因材施教的观念，采用启发式和探究式的教学方法，尽可能实行小班授课，通过加强案例教学、实践实验教学、实行分级分类教学、辅以现代网络教育手段、搭建教学资源库平台等，调动学生的学习积极性与创造性。同时，有条件的高水平大学可以建立教师教学发展中心，组织开展教师教学研究与培训，特别是让教学经验丰富的教师将心得传授给教学水平不够高的教师和教学经验欠缺的年轻教师，进而提高整个师资队伍的教学水平。

（三）教师必须加大精力投入，增强责任心与使命感

将学生培养成高质量的人才并不是一件容易的事，除了需要教师具备高水平的教学能力和研究能力外，更为关键的是，需要教师投入更多的时间与精力来培育学生，能够处理好教学与研究的关系，以高水平的研究成果来促进教学水平的不断提高，用充足的时间与充沛的精力投入到教学中去，发掘每位学生身上所蕴藏的潜能。当然，在当前社会转型时期，高校教师尤其是年轻教师也面临着现实的生活压力与外界的物质诱惑，心态也容易浮躁，"重科研、轻教学"的现象仍然存在。这不但要求国家投入更多的教育经费来支撑高校各种必要的开支，也要求高校在国家经费投入有限的前提下，充分发挥自身的积极性，谋求更多的社

会资源，同时做好资源配置，不断地提高教师整体收入水平，使他们能够静下心来研究学问，教书育人。同时，建立更为合理的考核与评价机制，既重视科研，更重视教学，使教师愿意投入更多的时间与精力用在教学上，让每个学生都受到教师的关注与启发，尽全力让每一位学生成长成才。最后，我们还必须在大学中高扬理想主义的旗帜，在接收与引进教师过程中，争取将那些真正以学术为志业、对学生有爱心的学者纳入高校教师队伍中，尽可能少地接收与引进那些只把高校教师岗位当作一个谋生饭碗的求职者。

中央财经大学在60多年的办学过程中，始终秉持"求真求是、追求卓越"的办学理念，发扬"担当责任、勇往直前"的精神，向国家输送了近10万名高素质的财经人才和一批担纲扛鼎的领军人物。如今，我们承担了国家教育体制改革试点项目"财经应用型创新人才培养模式改革"，就是希望在发扬传统的基础上，更加突出办学质量与特色，能够在21世纪高层次财经人才培养方面取得更大的突破，肩负起我们所承担的历史使命，与其他高水平大学一道，努力成为推动中国经济社会向前向上发展的中坚力量！

高等教育发展要处理好几对关系①

一、关于当前教育改革的形势及阶段性特征

改革开放近40年来，在科教兴国战略指引下，我国教育事业取得了卓越成就，为经济社会快速发展提供了强有力的人才和人力资源支撑。特别是我们在人均国民产值8000美元时就全面普及了九年义务教育，高中的普及率接近90%，高等教育毛入学率达到40%。2016年全国普通本专科招生人数748.6万人，比1977年增长27.73倍；在校生人数2695.8万人，比1977年增长30.33倍；毕业生704.2万人，比1977年增长41.57倍。可以说，我国实现了教育大国的目标，这在世界范围内史无前例。与经济社会发展相比，教育是走在前面的，是跨越式发展的。当前，我国已基本实现了教育现代化，正向教育强国目标迈进，着力提高教育质量成为面临的主要任务。

当然在教育跨越式发展过程中，也存在着一些结构性的矛盾，主要是区域发展不够平衡，高等教育质量与发达国家相比还有差距，拔尖创新人才和应用型人才与经济社会发展还不能完全适应。就拿高等教

---

① 与林光彬合作完成，载于2017年第15/16期《中国高等教育》。

育的师资来说，还存在学历层次整体上不高、高水平师资不足、地区发展不平衡等问题。从高校师资数量结构上看，2015年，我国高等学校专任教师中拥有博士学历的人数为33.9万人，仅占专任教师整体数量的21.56%；拥有硕士研究生学历的教师比例为46.84%，本科及本科以下学历者比例仍占31.60%。发达国家本科院校专任教师的任职门槛就是博士及博士后。这就是我国与教育强国的最显著差别。同时，我国教育部直属高校与非部属高校差距很大。2015年，教育部直属高校的专任教师数量达到15万人，其中学历为博士的教师数量达到10.13万人，比例为67%；而非教育部属高校专任教师的数量达142.26万人，其中拥有博士学历的人数只有23.8万人，比例为16.7%。发达地区与欠发达地区差距更大。2015年，北京作为全国教育文化中心，专任教师拥有博士学历的比例为56.8%，全国达到平均值以上的地区仅有10个，欠发达地区专任教师中拥有博士学历比例的人数平均不到10%。因为高水平师资少，包括数量、结构、质量、地域分布等都不平衡，所以出现了各种问题，包括择校，学生和师资流失，为了学校的排名东部挖西部的墙脚、大城市挖小城市的墙脚、名校挖普通学校的墙脚，等等。

二、推进高等教育发展要处理好几对关系

第一，处理好改革、发展和规范的关系。一是改革要更加注重政策协调。"管办评分开和放管服结合"改革中尤其要做好政策协调，比如高考招生制度改革与专业设置制度的政策协调。二是发展要更加强调质量为先。比如，本科学院设置和本科院校评估等的师资标准，沿用多年的合格标准是研究生学历人数达到30%，这与我国高等教育事业的快速发展相比，明显太低。我国现在每年毕业研究生55.15万人，其中毕业博士生5.38万人，提高标准的外部条件早已具备，需要尽快修改提高。三是规范要更加遵循教育规律。在改革推进中稳健发展，在发展中逐步规范，在规范发展中着力提升教育质量，规范要始终遵循教育规律。

第二，处理好办学自主权与现代治理体系的关系。要坚持两点论、

辩证法。一方面，要切实推进高校办学自主权的落实，特别应给"双一流"建设大学更大的改革发展空间，同时引导不同层次高校做好定位，贴近社会真实需求，谋求特色发展，在百舸争流中追求卓越。另一方面，也要推进现代高等教育治理体系与治理能力的现代化，做好体制机制的科学设计。高等教育供给的主体是高校，政府宜在宏观政策上指导教育更好发展，不宜过多地出台具体微观文件约束高校发展。办什么学科专业、培养什么层次的人才等，都应是学校微观办学层面的内容。在理论上和实践上，由于信息不对称问题和动态发展的问题，政府不宜管得过多过细，严格管制的结果恐将导致供求脱节、错位，供给滞后成为必然。这个已经被中外教育发展的历史所证实。所以，政府应该给予高校，特别是"双一流"建设大学，更大的学科专业自主设置权、经费使用权和用人自主权。同时，按照我国教育现代化和高等教育强国的发展目标，做好体制机制设计，引导高校整体上都向现代化的目标迈进。

第三，处理好人才培养的针对性和时代性的关系。切实贯彻落实习近平总书记讲话和《关于加强和改进新形势下高校思想政治工作的意见》，提升大学生思想政治素质。一方面，要着力解决内容针对性不够、亲和力不强等不适应大学生需要的问题。例如，教育部陈宝生部长总结的"'配方'比较陈旧，'工艺'比较粗糙，'包装'不那么时尚，导致的亲和力差，抬头率低，人到了心没有到"等问题。另一方面，要把针对性和时代性结合起来，切实推进"理论和实践相结合，育德和育心相结合，课内和课外相结合，线上和线下相结合"，让思政教育真正引领学生的世界观和价值观，让德育真正滋润学生的心灵。同时着力加强大学生人文素质、科学精神、批判意识和实践能力的培养。理工科院校应增加人文社科方面的课程，人文社科院校要加强对学生科学精神的培养。要推进艺术和体育活动广泛深入的开展，活跃校园文化，培养学生高雅情趣和健康身心。大学生的社会实践很重要，但目前社会环境并不利于学校有效组织开展大学生社会实践活动，需要国家层面出台有力政策予以保障。

第四，处理好教育教学改革的继承性和持续性关系。20世纪90年代以来，教育部采取了一系列有力措施推进教育教学改革。例如，1996年"面向21世纪高等教育教学内容和课程体系改革计划"，1998年"面向21世纪教育振兴行动计划"，2000年"新世纪高等教育教学改革工程"，等等。这些对高等教育发展和质量提升起到了非常重要的作用。在我国高等教育处于大众化发展阶段，为更好落实立德树人这一根本任务，引导大学注重内涵提升，解决一些大学中存在的"重科研、轻教学"的问题，从整体上提升人才培养质量，满足我国经济转型阶段对百千万高素质人才的需求，国家应继续实施提升高等教育质量工程项目，特别是在推进教学内容、课程体系与教材质量提升的同时，注重教学方法的改革。这样，我国高等教育教学的发展与改革才会通过历史继承性和时间持续性，不断拾级而上。

第五，处理好引领性与创造性的关系。首先，只有培养出一流的人才，才能为引领奠定人才基础。人才培养的水平和高度，决定我国各行各业发展和参与国际事务的水平和高度。我国已是世界第二大经济体、世界银行的第三大股东和国际货币基金组织的第三大份额国，我国主导建设的亚洲基础设施投资银行已经正式开业，人民币国际化和以"一带一路"倡议深入实施。可以说，我国正在以更加积极的姿态参与国际事务，正在成为全球化的引领者，正在推动建立更加公正合理的国际新秩序。因此，必须在拔尖创新人才培养上做更大的努力，只有培养出一流的人才，才能为我国更广泛参与全球事务、建立国际治理新体系提供有力支撑。在当前国家大力推进"双一流"建设新时期，需要出台专项措施，重点支持"双一流"建设大学着力培养具有国际视野的拔尖创新人才；扩大研究生特别是博士生的招生数量，完善淘汰机制，提高培养质量，提供基本人才数量支撑。而一流人才培养需要一流师资队伍，因此，加强高水平教师队伍建设，打造一支高素质国际化教师队伍是高等教育工作的重中之重。其次，只有创新发展中国特色社会主义教育理论，才能为实现引领奠定理论基础。这就需要我们重视大学文化的传承和构建，加强对我国现代高等教育发展历史的研究与经验总结。20世纪以来，尤其是改革开放以来，我国成功地走出了一条自己的高等教育实践道路，从无到有，从小到大，目前正在努力实现从大到强的迈进。我们要站在全局的高度和战略的高度，深刻把握世情、国情、教情和学情，挖掘历史，把握当代，认真总结这一伟大过程的发展脉络、成功经验、挫折教训、问题与观点、理论与话语体系，从而更好地走出一条扎根中国大地、创建世界一流大学的新路来。尤其是，党的十八大以来，以习近平同志为核心的党中央形成了一系列治国理政新理念、新思想、新战略，为社会主义教育理论体系增添了新的重要内容，需要我们增强发展的责任感和使命感，通过生动活泼的创新实践来破解高等教育发展中的瓶颈和难题。

三、"双一流"建设要明晰几对认识关系

从当前中国所处的国际地位和历史方位看，建设一批世界一流大学、一流学科是应该的、必要的和合适的。随着中国国际地位的上升，从跟跑者向领跑者的角色变化，需要一批拥有自主创新能力的一流大学作为科技、人才和智力的支撑，没有一流大学及其培养产出的一流人才、一流研究成果，难以支撑起世界领跑者的角色。因此，大力提升高校创新能力，既是高等教育强国建设的主要内容，也是实现高等教育强国目标的有效手段和必然选择。但在这个建设的过程中，要明晰几对认识关系。

第一，发展与差距。改革开放以来，我国高等教育发展比较快，大学在人才培养、科学研究、服务社会、文化传承创新和国际交流上取得了长足的进步，与发达国家的差距显著缩小。但我们仍要看到，在标准的制定、议题的设定、学术与思想的引领上，与世界一流大学仍有一定的差距，需要继续奋起直追。

第二，国际标准与中国特色。中国的大学首先服务于中国的发展，同时也服务于世界的发展。一方面，在建设世界一流大学进程中，向发

达国家制定的国际标准看齐、学习世界一流大学的先进办学经验和科学评价方法十分必要。一段时间以来，我们用ESI（基本科学数据库）的指标排名、国际刊物发表等来衡量我国大学的进步，对我国大学的发展有一定的促进作用。但另一方面，也要看到这种衡量存在的不足，甚至意识形态导向性的问题。因此，必须建设中国特色的衡量标准，建立契合和支撑中国发展实际的标准，这是必需的，也是必要的。特别是人文社会学科，更需要有中国的标准，语言文化、价值标准体系等有明显的国别特征和意识形态属性。有时民族的就是世界的，所以，要树立我们中国的教育标准，为人类教育作出我们中国的方案，贡献我们中国的智慧，不能用"外国的那把尺子"衡量我们所有的发展，更不能使其成为一切领域的向导。

第三，硬件与软件。我国通过教育强国战略，特别是"211工程"和"985工程"等国家专项建设，一大批大学的硬件设施，包括教室、实验室、网络设施、办公环境、校园环境已经快速实现了跨越式发展，走在了世界的前面，可以说，许多高校的硬件实施已经达到了世界一流的水准。同时，通过一批学科和人才建设与引进计划，一大批大学已经为建设世界一流大学打下了很好的基础。但是，大学的软环境、大学文化、大学氛围的建设，在市场经济发展和社会转型中，仍处于浮动甚至浮躁的状态，大学的风气还需要在"静"上下功夫，因为宁静才能致远。一个宁静、平静的大学校园氛围，才能为教书育人、师生的全面发展提供一个致远的环境。我们有比较好的基础教育，高等阶段的学生们的整体素质也大大提升了，大学生需要国际视野、社会责任、社会担当、创新思维等，这就要求培养学生的老师水平要提高。因此，现阶段高等教育更重要的是大学师资的培养，尤其是在建设世界一流大学过程中，培养一流大师更重要。要根据大师成长的规律，关注青年学者的成长，培养青年教师对科学的探索精神、对未来的美好追求，研究真问题，做真学术研究。引才与育才相结合，把海外学习的研究方法和中国的实际结合起来。尤其是这些年，我国每年有近五万青年博士、硕士进入高等教育领域，年龄段比较集中，这批人年富力强，潜力巨大，代表着中国高等教育的未来。在规模已经上去后，要做好传帮带工作，帮助他们舒缓生活的压力，帮助他们成长为人师，让他们静下心来做研究，教书育人。

第四，适应与引领。过去三十年，我国高等教育主要是适应世界高等教育的发展，是跟踪、模仿、参与、适应为主，从发达国家引进人才、理念、政策、方法等。站在新的历史方位和新的发展阶段，我国高等教育已经到了思考对引领未来的发展阶段。从国内来看，党的十八大以来，党中央提出了"创新、协调、绿色、开放、共享"的发展理念，确立了"五位一体"的总体布局和"四个全面"的战略布局，着力推进"国家治理体系和治理能力现代化"，如何在新的形势下实现教育的创新发展、协调发展、绿色发展、开放发展、共享发展，需要开展广泛深入的研究和实践，这些都为我国高等教育发展提供了广阔的创新舞台，也为构建中国特色的哲学社会学科体系、学术体系、话语体系提供了千载难逢的历史机遇。从全球来看，世界多极化、经济全球化、文化多样化、社会信息化深入发展，新一轮科技革命和产业变革蓄势待发，互联网、云计算、大数据、智能机器人、3D打印等现代技术深刻改变着人类的思维、生产、生活和学习方式，国际竞争日趋激烈，我国正在以更加积极的姿态参与国际事务，正在成为全球化的引领者，正在推动建立更加公正合理的国际新秩序。这些新的发展态势要求我国大学担当起培养一流人才、创造一流研究成果的现实责任，这既是我国高等教育发展面临的新任务、新要求、新挑战，同时也是重要的发展机遇。因此，要通过创新性发展实现引领，用中国的理念、举措来丰富世界高等教育发展的生态结构。

国际交流与教育合作

国际交流与教育合作 ●●●

搭建中巴文化交流与教育合作的金桥①

　　今天，在这样一个美好的下午，在风景如画的海滨城市累西腓，我们欢聚一堂，共同庆祝伯南布哥大学孔子学院揭牌。作为合作伙伴——中央财经大学的校长，首先请允许我对伯南布哥大学成功建立孔子学院致以热烈的祝贺和衷心的祝愿！同时，也向伯南布哥州政府、孔子学院总部、中国驻巴西大使馆及伯南布哥大学表达真诚的谢意。

　　孔子，这位中国的至圣先师，是伟大的思想家、哲学家，也是中国传统文化的代表人物、儒家学派创始人。他的核心思想是"仁"和"礼"，主张"以礼施于民""为政以德"，他还提出了"有教无类""循循善诱""因材施教"等教育理念。他打破教育垄断，开场私学；他周游各地，广传儒家文化。孔子的思想不仅贯穿了整个中华文明的发展历史，也对推动世界文明产生了深远的影响。孔子学院也正是因这一世界发展趋势和全球学习汉语的热潮应运而生的，自2004年全球第一家孔子学院建立以来，目前已发展到430多家。

　　如今，中国的孔子第七次漂洋过海来到广阔、美丽、富饶的巴西，不过这次他是在蓝天白云相间、景美人美的伯南布哥州落脚，这是他第

---

① 2013年11月26日在巴西伯南布哥大学孔子学院揭牌仪式上的致辞。

一次来到巴西东北部地区。他带来了中国的语言和文化，更带来了和平，带来了不同文化间的沟通与理解。这是孔子学院总部、中国驻巴西大使馆、巴西伯南布哥州政府、伯南布哥大学和中央财经大学共同努力的结晶！

中央财经大学是一所以经济学、管理学和法学学科为主体，多学科协调发展的综合性大学，在财经教育领域一直处于领先地位，被誉为"中国财经管理专家的摇篮"。同时，我校努力开展多形式、多层次的国际交流与合作，已与遍及世界五大洲的高校、政府机构、国际组织、跨国企业等建立了密切的合作关系。今天，与合作院校伯南布哥大学一同为我们的孔子学院揭牌，同时也是为我校海外合作建立的第一所孔子学院揭牌，我深感意义重大。建设发展好伯南布哥大学孔子学院将会是我们两校不懈努力的目标，也是当前大学国际化议题的重要内容，更是我们两校共同促进中巴文化交流的窗口。

伯南布哥大学孔子学院将面向整个伯南布哥州，努力办出财经特色，开展商务汉语课程，举办财经论坛讲座，开展一系列文化体验活动，为巴西朋友们搭建一个了解中国的平台。我相信，这个平台不仅仅是单纯的语言和文化的交流的平台，也是实现教育合作、资源优势互补的平台，更是中国人民和巴西人民不断增进友谊、不断加强双向了解的平台！

百舸争流千帆竞，海阔天高正扬帆。我相信，在伯南布哥州政府的支持下，在孔子学院总部和中国驻巴西大使馆的指导下，在我们两校的共同努力下，伯南布哥大学孔子学院一定能够办出水平、办出特色，一定能积极适应当地的教育模式，不断探索，不断创新，培养更多喜欢汉语、了解中国、熟悉中国财经知识的双语人才，为中巴互利合作和友好交流不断注入年轻的力量，成为中巴交流的又一座金桥，开启巴西东北部同中国文化交流的新的篇章，为推动中巴关系作出新的贡献！

国际交流与教育合作 ●●●

精诚合作培养高水平精算人才①

今天是个好日子。我们在这里举行一个隆重的仪式，向尊敬的戴克礼先生颁发荣誉教授证书，并庆祝戴克礼先生在其职业生涯中所取得的成功。

戴克礼先生是国际精算界的著名专家，为推动精算学的理论研究和实务应用作出了重大贡献，在学术界和精算业界有着广泛的影响。他还是中央财经大学精算教育重要的倡导者与推动者。

1993年以来，中央财经大学精算教育从起步到发展，再到中国精算研究院成立，并于2003年成为该领域中国唯一重点研究基地，戴克礼先生作出了重大贡献。他帮助我校建立了与英国精算师学会、大学、机构及精算业界的联系，亲自给同学们上课，并且是我校举办的每年一度的中国精算国际论坛的重要演讲人。中央财经大学精算教育项目的成长和发展，凝聚了戴克礼先生的心血和智慧。中央财经大学授予您名誉教授称号，您当之无愧！在此，我代表全校师生向您表示衷心的祝贺！并在先生从英国政府精算署署长岗位退休之际，向您在过去职业生涯中取得的巨大成就，表示崇高的敬意！对先生多年来对

---

① 2008年2月27日在名誉教授授予仪式暨第四届中国精算国际学术研讨会上的致辞。

我校精算教育的巨大贡献表示诚挚的感谢！先生的退休为我们学校授予您教授职位提供了机会，我们期待着您更多地访问我校，在教育领域取得更大的成就。

今天，英国精算师学会还将为冯珂同学颁发精算师证书，以及为其他几位同学颁发精算技能证书和财务与投资证书，我们对精算学生所取得的优异成绩表示热烈祝贺。

现代市场经济的运行蕴藏着各类不同程度的风险，对经济活动中的未来风险进行分析，评估和管理极为重要。因此，精算就成为现代经济特别是保险、金融、投资实现稳健经营的基础。精算是依据经济学的基本原理，运用现代数学、统计学、金融学及法学等的各种科学有效的方法，对风险进行精确计算和评估。17世纪末，精算学发展成为一门正式的学科。

中国的精算教育发展较晚。15年前，为了尽快改变我国高级精算人才短缺的局面，本着高标准、高起点、严要求的办学原则，中央财经大学与英国精算师学会合作，并得到苏黎世金融服务集团的大力资助，开始了保险精算研究生的培养计划。迄今为止，已有近200人在中央财经大学参加精算硕士研究生学习，其中包括中国精算工作委员会首任主任利明光先生，也包括首位获得英国精算师资格的赵晓强先生。绝大多数毕业生已获得精算技能证书，半数以上的同学在此基础上又获得了财务与投资证书，十几人通过了全部的精算师考试，已经或即将获得精算师证书。如今，毕业的同学已在中国保监会、中国人寿保险公司、中国人民保险公司、中国再保险公司、平安保险公司、太平洋保险公司、新华保险、泰康人寿等公司的核心岗位上发挥着重要作用。

今天我们所看到的累累硕果，是这十五年来英国精算师学会、苏黎世金融服务集团和中央财经大学精诚合作的结果，是数十位中外专家辛勤工作和诸位同学勤奋学习的结果。在这里，我要向所有为此项目作出过贡献的各方表示感谢。特别要感谢登伯克先生所领导的英国精算师学会，以及多年来给予我们极大帮助的李仕达先生。

国际交流与教育合作 ●●●

随着中国市场经济的发展，精算科学越来越受到重视，它已成为守护中国经济安全运行的力量之一。有着"财经黄埔"之誉的中央财经大学，将继续承担起为社会发展培养一流人才的重任，与国际学术界、业界广泛合作，为经济社会的发展作出新的贡献。

持久的国际合作需要建立友好互信的伙伴关系 ①

我们一行5人受邀来到美丽的墨尔本，参加维多利亚大学（以下简称维大）百年庆典活动，一起见证与分享这一喜悦时刻，并与各位共同探讨交流高等教育国际化这一话题。维大建校百年，不禁让我想起了一句名言，"十年树木，百年树人"。2000多年前一位叫管子的中国贤人，用这句话表达了人才培养是一项十分重要、艰辛而生生不息的事业。一百年来，一代代维大人用智慧与汗水培养了数以万计的高素质人才，涌现出一大批高水平的学术成果，为澳大利亚经济社会发展作出了卓越贡献。作为同行，我代表中央财经大学师生向维大全体师生员工和全球校友致以热烈的祝贺。

我们与维大结缘，始于2004年。我们共同举办了国际经济与贸易专业的本科教育项目，致力于培养具有全球视野的创新人才。经过我们的努力与愉快合作，迄今为止，已连续招收12期共2000余名学生。从毕业生的表现看，59.89%选择了继续深造，被美国哥伦比亚大学、英国伦敦政治经济学院、澳大利亚国立大学及中国北京大学、清华大学、中国人

---

① 2016 年 5 月 21 日在维多利亚大学 International Engagement Conference 上的讲话。

民大学等一流大学录取；36.5%选择了直接就业，受聘于渣打银行、中国工商银行、中国移动通信公司等全球知名企业。这个项目达到了我们的设计目标，受到学生、家长和社会的好评，成为中财最有影响力的几大专业之一，也得到了中国教育主管部门的充分肯定。

这个项目取得的成绩，得益于我们双方从学校领导到学院师生的大力支持与精诚合作。George Pappas主席、Elizabeth Harman教授、Peter Dawkins教授、Steve Berridge教授、Margaret Mazzolini教授等都是我们熟悉的老朋友，作出了很大的贡献；中方的贡献者有史建平副校长、贺培教授，还有和我一起前来的国际经济与贸易学院院长唐宜红教授、国际合作处处长张小燕女士。在合作过程中我们获得了宝贵的经验，也建立了深厚的友谊，为两校拓展和深化合作奠定了坚实基础。就在昨天，我们签署了"联合培养体育管理人才海外学习协议"和"关于建立商学和经济学联合研究中心的合作协议"，并共同为"中央财经大学—维多利亚大学联合实验室"揭牌。负责这两个项目的我校科研处处长李桂君教授、体育经济与管理学院副院长张自如副教授也在现场，我希望并相信两校之间的友好合作和诚挚友谊，会随着新项目的启动在年青一代身上发扬光大。

除了维大外，我们还与其他合作伙伴建立了密切联系。比如，与美国史蒂文斯理工学院合作举办了项目管理理学硕士学位项目，与荷兰蒂尔堡大学合作举办了金融学博士项目，联结亚非美三洲三校（中央财经大学商学院、美国霍华德大学商学院、南非比勒陀利亚大学戈登商学院）开设了GTMBA项目，与巴西伯南布哥大学合作开办了伯南布哥州第一所孔子学院等。这些合作项目都是在我们推进国际化战略过程中开花结果的。我们积极创造条件为师生提供更多赴海外访学交流的机会，每年也会有百余名外籍教师和众多代表团来校进行学术交流与合作访问，越来越多的海外学生将中央财经大学视为在中国求学的首选高校之一。

各位同仁，21世纪以来，高等教育国际化进程加快，对政府、高校和师生个人产生了重要影响。今天，我们相聚在美丽的维大校园，共同思考与探讨全球化背景下高等教育发展问题，这是一件十分有意义的事情。借此机会，我谈三点看法，供大家交流探讨。

第一，推进高等教育国际化需要有定位清晰并具执行力的战略规划。很多政府和高水平大学十分重视推进高等教育国际化。澳大利亚最近几届政府一直将高等教育作为支柱产业，支持高校广招海外优秀学生和一流学者，极大提升了澳大利亚高等教育的竞争力，促进了本国经济社会发展。1978年改革开放以来，中国政府也十分注重推进本国大学的国际化水平，我本人即从中受益。1987年，我第一次走出国门，作为访问学者来到澳大利亚新南威尔士大学(堪培拉)，那一次的访学经历对我从事教学、学术研究产生重大影响。2003年担任校长后，我着力推动中财国际化办学，学校也将其提升为发展的三大战略之一。10多年来的办学经验让我更加体会到，要想成为在全球范围内具有重要影响力的大学，需要具有国际化的眼光与意识，注重顶层设计，明晰推进路径，广交国际朋友，努力推进国际化战略愿景。

第二，推进高等教育国际化需要合作双方精心培育，建立良好沟通、互惠互利的合作机制。万丈高楼平地起，实现宏伟的目标需要一步一个脚印扎实推进。就我自己的体会，一个好的合作项目应突出双方的学科特色和教学科研团队等优势，逐步建立起教师交流、学生培养、学术研究、技术开发和服务双方国家等全面的合作互惠机制。合作项目执行过程中，从协议签订、人才培养方案制定、学术合作项目启动、到访师生的食宿安排和校园安全等方面，需要校内不同层次与部门的支持，合作双方从领导层到执行层的理解互谅，求同存异十分关键。

第三，推进高等教育国际化还需要得到广大师生、家长的认可和支持。推进国际化，除了依靠学校从制度、人财物等方面加大投入外，还需要师生积极响应和家长实际支持。拥有一支具有全球视野的专业师资队伍是关键。从2005年开始，中央财经大学就规定：要晋升教授职称的青年教师需具备海外留学或访学经历。目前，我们近1200名专任教师中已有近40%的教师符合这个条件。中国的父母非常重视孩子的教育，很希望孩子能够到国外名校求学，接受多元文化的熏陶，我也是其中的一个。几年前，我女儿在南开大学本科毕业后，申请到英国帝国理工大学攻读硕士学位，我很支持她的这个决定。多数从海外学成归国的青年学子，独立自主的生活能力更强，考虑和处理问题更加多元理性，对全球命运共同体的发展趋势认识更加深刻和乐观，他们将成为促进中国社会更加文明开放、与世界融为一体的重要力量。

各位同仁，经济全球化浪潮推动着高等教育国际化不断向前推进，高等教育事业所具有的国际性特点，学者们对知识跨国界、永无止境的探索，以及我们共同面对的全球性挑战，都决定着我们高校之间需要凝聚共识，加强合作，释放潜能，相互激荡，中央财经大学愿与大家一道，为建设更加繁荣美好的世界贡献我们的智慧与力量！

附：在 2016 年维多利亚大学中国区毕业生毕业典礼上的讲话

首先祝贺同学们顺利完成学业，即将开启新的旅程。四年的学习生涯，你们收获了丰富的知识，也收获了不同的人生体验，今天的你们比昨天更加优秀。今年，对于在座的同学们来说具有特别的意义，今年是你们学成毕业之年，也是维大百年校庆之年。一代代维大人用智慧与汗水积淀的维大精神，在你们身上得以延续与传承。"前人栽树，后人乘凉"，你们是幸运的，也是幸福的。

一个多月前，我和辽宁大学、河南大学等学校的代表应Perter Dawkins校长之邀，参加了维大百年庆典活动，此行我感触颇深。无论是在与同仁共同探讨教育国际化发展问题的高端教育论坛上，还是在维多利亚州总督专门为维大百年校庆举办的招待会上，还是在维多利亚国家艺术馆举行的盛大酒会上，我都能感受到维大师生作为维大人的那种自豪与骄傲，感受到维大为澳大利亚经济社会发展作贡献的那种责任感与使命感。特别是近25年来，维大的国际排名不断提升，国际影响力逐年增强，维大向更高层次迈进的战略构想正在一步步实现。我很庆幸，我们拥有如此优秀的国际合作伙伴。

中财与维大结缘，始于2004年。我们共同举办了国际经济与贸易专业的本科教育项目，致力于培养具有全球视野的创新人才。经过我们的努力与愉快合作，迄今为止，已连续招收12期共2000余名学生。在项目的设计过程中，我们十分注重同学们三方面技能的培养：一是双语运用技能，二是尖端商务、金融知识运用的专业技能，三是批判式思维和团队合作技能。这些技能我们称之为21世纪的就业技能。恭喜同学们，这些技能你们现在已经初步具备！

这个项目受到学生、家长和社会的好评，成为中财最有影响力的几大项目之一，也得到了中国教育主管部门的充分肯定。项目取得的成绩来之不易，得益于双方管理层的精诚合作，得益于两校教师的辛勤付出，更得益于同学们的刻苦努力。今天，同学们毕业了，你们不仅是中财毕业生、辽大毕业生、河大毕业生……你们还将拥有一个共同的名字——维大毕业生。我希望同学们能够牢记各校师长的嘱托，不负Peter Dawkins校长寄语中的殷切期望，做一个有理想，有信念，有高尚情操，有责任感，勇于为学校发展、人类进步、世界美好担当责任的有为青年。

国际交流与教育合作 ●●●

创业教育是全球高校必须
重视的新课题 ①

当北京还是春寒料峭之时，我们来到温暖的阿曼苏丹国首都马斯喀特，出席由阿曼高教部主办的"高等教育中的创业教育"研讨会。

在这座美丽的城市，我们感受到的不仅是温暖的气候，更有来自阿曼高教部同事们的热情欢迎。在此，我代表中央财经大学代表团的各位团员向布赛义迪阁下及您领导下阿曼高教部的各位同仁表示衷心的感谢。

这虽然是我第一次访问阿曼，但是由于我校与阿曼苏丹国高教部的友好合作，这个美丽的国家对我来说并不陌生。2008年首批来自阿曼高教部直属高校的学生访问了我校，这批来自阿拉伯世界的青年使者，为我校师生打开了认识阿曼人民的新窗口。他们勤奋、好学、友好、乐观，富有探索和创新精神，在为期两周的学习中，给我校的师生留下了深刻印象。

之后，双方的交流逐步深化，2010年继我校李俊生副校长访问阿曼高教部之后，我们非常荣幸地在北京的校园里接待了布赛义迪部长阁下一行，双方正式签署的合作备忘录，开启了合作的新阶段。

---

① 2012 年 3 月 17 日在阿曼苏丹国举行的"高等教育中的创业教育"研讨会上的发言。

此次研讨会就是部长阁下访问我校之后，双方合作的又一个新成果。作为高教部的合作伙伴，中央财经大学为能够与阿曼苏丹国科学研究委员会一起为本次会议的圆满召开贡献一份力量而深感荣幸。

创业教育是高等教育领域面临的一项重要课题。特别是像中国、阿曼这样的发展中国家，年轻人在我们的人口比例中占有很大的优势，而我们经济社会的许多领域发展还很不完善，亟待这些富有朝气的年轻人去创新、去创造。

如何在高等教育中实施创业教育，培养具有创新精神及创业能力的新一代，是我们高等教育者的共同任务。今天，我们齐聚在一起，共同就这一重要课题进行探讨，分享各自的经验，探索未来发展的方向，无疑将对我们双方的创业教育起到积极的推动作用。

作为中国的重点大学，中央财经大学一直致力于培养高水平的经济、管理与学术人才，建校60余年来，学校为中国社会培养了大批建设人才。目前近1.4万名学生在我校全日制攻读学士、硕士、博士学位，1000多位专职教师在我校26个学院中从事教学与科研。

作为一所发展中国家的大学，我们深感开展国际间教育合作与交流的重要性。我们已与世界上百余所大学建立了学术合作关系，开展学生交流、教师互访及合作科研等。在这些合作中，最让我们欣喜的是与阿曼高教部的合作。由于地理及历史等原因，我们的合作伙伴大都位于美洲、欧洲及我们的周边国家。阿曼高教部是我校第一家也是迄今为止唯一一家在中东的合作伙伴。

我们珍视与阿曼高教部的合作，本次研讨会是我们双方合作的新成果，也是我们合作走向深入的新起点。我相信，随着我们双方交流与合作的不断发展，一定能够结出更加丰硕的成果。

国际交流与教育合作

多方式合作结硕果 ①

今天，我们在这里隆重集会，庆祝中央财经大学与日本高千穗大学合作20周年。首先，我代表中央财经大学向前来参加庆典的日本高千穗大学藤井耐理事长、新津重幸理事、千叶吉明理事、亚洲研究中心主任高田大安教授、管理学院大岛久幸教授表示热烈的欢迎和衷心的感谢！

中央财经大学与高千穗大学之间的接触始于1996年。当时，王柯敬校长访问日本，与高千穗大学梶原丰校长确定以合作研究为切入点开展合作。1997年，柯敬校长与梶原校长分别代表两校签署了合作协议，并启动了第一阶段合作研究项目"企业会计、税收的中日比较研究"。1997—2003年，以若杉明教授、王允平教授、孟焰教授为代表的两校学者在条件比较艰苦的情况下潜心钻研、相互切磋，形成了高质量的研究成果，分别在中国、日本公开出版。20年过去了，当时参加合作研究的专家学者有的已经退休，有的还活跃在教学科研第一线。中国有句古话，"吃水不忘挖井人"。当我们欢聚一堂庆祝两校合作20周年之际，我要向20年来开创并致力于两校合作的老领导和专家学者表达崇高的敬意！感谢您们高瞻远瞩，确定了一个可持续发展的合作框架，为之后的

---

① 2016 年 6 月 30 日在中央财经大学—高千穗大学合作 20 周年庆典上的讲话。

207

合作奠定了坚实的基础。

从2004年起，两校开始在企业管理学科开展合作研究。目前，已经完成"企业成长要素的中日比较研究""跨国经营的中日比较研究""中小企业经营管理的中日比较研究"三项研究课题，正在进行的第四期"家族企业经营管理的中日比较研究"将在今年结项。第二阶段的合作研究同样取得了丰硕的成果，目前已经在中、日两国出版学术著作3部，年底还计划出版关于家族企业研究的学术著作；发表学术论文100余篇，产生了重要的学术影响。

回顾两校合作的历史不难发现：双方的合作在科学研究、人才培养、知识创造、社会服务方面均发挥了突出的作用。

科学研究方面，合作研究紧紧围绕不同时代双方感兴趣的课题展开。20年来，两校学者紧跟时代脉络，结合学科特点和优势，围绕经济社会发展的焦点问题开展研究，内容涵盖会计、税收、企业管理等领域。

人才培养方面，两校定期组织研讨会、学术讲座等活动，向青年学生介绍研究成果，培养了学生的学术兴趣，增进了相互了解，收到了良好的效果。两校学者在相互切磋、交流的过程中增强了互信，建立了友谊，成为合作的重要基础，日本学者严谨、务实的学术态度给我们留下了深刻印象。

知识创造方面，两校学者合作完成的四部学术著作、近200篇学术论文足以说明双方合作的价值。值得一提的是，以合作研究为契机，两校还衍生出一批研究成果，我校青年学者通过合作研究得到了锻炼，承担了一批国家级科研项目，同时还通过各种形式将科研成果转化为国家政策。

社会服务方面，合作研究吸引了业界人士和两国企业的参与，产生了重要的社会影响。合作期间，双方根据研究主题安排到具有代表性的企业考察和交流，一些企业家通过参加研讨、撰写论文等形式为合作研究提供了鲜活的素材。

习近平总书记在阐述外交理念时，常引用源自《韩非子·说林上》

国际交流与教育合作 ●●●

中的一句话，"国之交在于民相亲"，外交如此，校际合作亦如此。20年来，两校相关部门保持着良好的沟通和联系，高千穗大学千叶先生、我校原国际合作处处长蔡彩时老师等做了大量工作。当对方事业取得成绩时不忘道一声祝贺；当对方遇到自然灾害时，能够及时地表示慰问，送去温暖；当工作遇到困难时，能够敞开胸襟交流，借鉴对方的经验。

我本人虽然没有直接参与合作研究课题，但一直关注两校合作的动态，也多次与藤井理事长及高千穗大学的教授们会面。可以毫不夸张地说，高千穗大学已经成为我校最重要、最紧密的合作伙伴之一，两校之间的合作已经成为中日教育合作的典范。

在两校合作迎来20周年之际，我谨代表中央财经大学表示热烈的祝贺！对于20年来为两校合作作出贡献的领导、专家学者和工作人员表示由衷的感谢！衷心祝愿两校的合作能够拥有更加辉煌的明天！两校不仅能够成为相关领域学术研究的排头兵，而且成为政府的重要智库，培育出更多高质量的研究成果，培养更多具有国际视野、通晓国际规则的人才，为推动世界和平和人类文明进步作出更大的贡献！

209

加强高水平财经教育的国际合作 ①

在这美好的金秋时节，应圣彼得堡国立财经大学马克西姆采夫校长邀请，我们中央财经大学代表团来到美丽的圣彼得堡，参加圣彼得堡国立财经大学80周年校庆活动。在这具有纪念意义的美好时刻，请允许我代表中央财经大学及我个人对此表示热烈祝贺。衷心祝愿圣彼得堡国立财经大学在俄罗斯财经教学和科研的舞台上培养更多的人才、取得更多的成就！

同时，我们也是为收获中央财经大学和圣彼得堡国立财经大学间长期合作的丰硕成果而来的。今天也是中央财经大学和圣彼得堡国立财经大学建立长期友好合作关系的吉庆之日。建于1930年的圣彼得堡国立财经大学是俄罗斯最好的财经教学与科研中心，是俄罗斯财经教育的一面旗帜。而中央财经大学在中国的财经教育界同样享有盛名。中央财经大学始建于1949年，是新中国成立后中央政府举办的第一所高等财经院校，已为新中国的经济建设和社会发展培养了8万余名各级各类高素质人才，被誉为"中国财经管理专家的摇篮"。

长期以来，我们两校在教学、科研和文化交流等方面进行了长期

---

① 2010年9月24日在圣彼得堡国立财经大学80年校庆会议上的讲话。

合作。有不少中央财经大学的老师来到圣彼得堡国立财经大学进修、学习，也有不少圣彼得堡国立财经大学的学生来到中央财经大学学习中文和经济。我们两校在科研合作方面也取得了不少的成果，为了庆祝圣彼得堡国立财经大学80周年校庆，我们两校的专家、学者们共同合作，创作并出版了专著《后金融危机时期的中俄经济》。本书的出版只是我们两所财经大学长期合作的成果之一，我们期待两所大学的学者们取得更多、更丰硕的成果，同时也祝愿中央财经大学和俄罗斯圣彼得堡国立财经大学的合作进一步深入、持久，再创辉煌！

传承真善美　释放正能量 [1]

传承真善美，释放正能量。在隆重庆祝中央财经大学和AZSA监查法人友好交流30周年之际，又喜闻汇聚友好历史瞬间、记载点点滴滴深情的纪念册出版，我由衷地感到高兴，热烈地祝贺纪念册的出版，向开辟双方友谊之路的前辈们和为此付出辛劳的朋友们致敬！

回想起中央财经大学与AZSA监查法人的友好交流历程，我认为是以相互理解、相互信任为根本，以人员交流为纽带的不断传承的过程。在友好交流过程中，双方真诚相待、代代相传，不仅培养了人才，同时也收获了友谊，堪称是校企合作的典范。

过去30年的友好交流，大致可以分为两个阶段。第一阶段是从AZSA监查法人接收我校年轻教师学习交流开始。自1987年起我校近十名教师赴AZSA监查法人学习，在学习期间，AZSA监查法人为他们设计了缜密的学习计划，使他们有机会了解到日本经济发展的前沿和企业的运作机制，增长了见识，开阔了视野，现在他们都是学校教学和管理的骨干。第二阶段的交流是以AZSA学员来中央财经大学学习为主开展的。自2007年起的"AZSA暑期中央财经大学项目"和2011年起的"中央财经大学—

---

[1] 选自《AZSA 监查法人与中央财经大学友好交流纪念册》。

AZSA高级工商管理奖学金项目"的开展，已有近200名AZSA监查法人年轻有为的会计师在中央财经大学参加过长短期学习，其中还有15人获得了中央财经大学MBA学位或管理学学位，他们大多数都活跃在AZSA监查法人在中国的各分支机构。他们是一群特别会学习、特别能工作的年轻人，期待他们在人生的舞台上驰骋。

从整个历史发展进程来看，中日间的文化交流有着很深的渊源。早期是日本文化使者到中国来学习语言文化，到了近代，西学东渐，又由日本传递到中国很多西方的文化。可以说，中央财经大学、AZSA监查法人正是追寻着中日间友好交流的历史轨迹一路走来。

中央财经大学与AZSA监查法人友好交流的三十年间取得了令人高兴的成就，建立了友谊。中央财经大学校内设有"AZSA同窗会"，AZSA监查法人内设有"中财大校友会"，有理由相信今天纪念的"友好交流三十周年"是一个加油站、是一个新起点，希望双方的交流合作像种植在我校校园的AZSA监查法人赠送的日本樱桃桦树一样茁壮成长，期待年轻人们续写双方交流合作的新篇章。

附：《中国子公司的投资·会计·税务》第一版贺词

这是一本非常优秀的著作，我对此书的出版表示热烈祝贺。这本书内容丰富，它囊括了投资方法、会计实务、内部控制等诸多方面内容，对投资中国的企业来说是一本不可多得的、具有实用价值的工具书。值得一提的是，为方便查找与中国相关的信息，此书还特别收录了大量这方面的重要资料。

此书的执笔者AZSA监查法人（KPMG AZSA）是我校多年的合作伙

伴。自1986年缔结友好关系以来，20余年来一直为我校教师提供会计实务和审计实务方面的研修机会，为我校的师资队伍建设提供了巨大的帮助。另外，从2007年起，每年又有20余名AZSA监查法人的注册会计师来我校学习中文、会计、审计、税务、经济等方面的知识。

此书的撰写者中，就有曾在我校学习过会计、审计、税务等知识的人员，我感到非常高兴。更加难能可贵的是，AZSA监查法人一直秉承多年来形成的朴素、认真、诚实的行动准则，在其良好的社风指导下，此次为我们贡献出了内容如此丰富的著作。

预祝此书被更多的读者所喜好，成为中日友好的桥梁。

记者访谈

记者访谈 ●●●

为构建和谐社会输送复合型财经人才 ①

记者：中央财经大学（以下简称中财）素有"中国财经管理专家摇篮""财经黄埔"之美誉，现任财政部部长金人庆、审计署审计长李金华，原人民银行行长戴相龙，都是中财毕业生。那么，中财历史上走出了一条怎样的办学之路？

王广谦：中财创办于新中国成立后的第36天——1949年11月6日。作为新中国成立后国家举办的第一所新型财经院校，为国家的发展建设培养了一大批经济管理领域的人才。学校刚成立时的校名为中央税务学校，后更名为中央财政金融学院。1996年，正式更名为中央财经大学。

在50多年的办学实践中，中财一直立足于培养优秀财经管理人才这一办学特色，成为中国财经教育的代表性学校。作为国家经济政策、法规研究中心，中财还积极参与经济政策和法规的制定，不断为国家经济建设和社会发展贡献聪明才智。

记者：在全球经济一体化的背景下，高校财经人才培养面临着怎样的挑战？中财制定了哪些战略规划？

王广谦：目前，世界全球化快速推进，各个国家在全球范围内对

---

① 《中国青年报》记者崔丽、实习生杨涵舒访谈，选自 2005 年 4 月 5 日《中国青年报》。

话、沟通加速，加上信息技术的迅猛发展，使得中国融入国际社会的广度、深度不断增加。这种国际化背景，对高等教育的人才培养提出了更大挑战。中国培养财经管理人才，不仅需要掌握先进的理论知识和技能，还要具备以全球化思维看问题的能力。在经济管理的行为和方式上要注重国际统一规则，还要结合中国的国情，实现经济社会的协调、可持续发展。

为此，2004年年底，中财全面修订了学校建设和发展的三项规划：发展战略规划、学科与师资队伍建设规划、校园建设规划，以便进一步发扬传统，保持优势，加强交流，扩大规模。我们的目标是：经过不懈努力，将中央财经大学打造成一所有特色、多学科、国际化的研究型大学。

记者：您一直强调重视大学的学科建设，中财在学科发展方面有何特色？

王广谦：学科建设是大学发展的核心，也是大学发展的永恒主题。一所大学的水平、地位、声誉和社会影响力是由学校最高水平的学科决定的。

中财一直坚持让优势学科走在前面，如我校的财政、税务、金融、保险、会计、国民经济学是新中国创立最早的学科，这些学科汇聚了结构合理、学历层次高、素质好的师资队伍，研究成果多次获国家和省部级奖励，都是国家重要的教学科研中心。

同时，在全球经济一体化的背景下，我们还要准确把握世界高等教育学科发展的趋势，具有前瞻性和战略眼光，积极扶持发展交叉学科、边缘学科和新兴学科。目前，中财的学科建设取得了长足进步，形成了以经济学和管理学为特色，经济学、管理学、法学、文学和理学五大学科门类相互支撑、协调发展的学科架构，建成了以全日制本科教育为基础、重点发展研究生教育、适度发展继续教育的完整的学科教育体系。

记者：中财2004年成立了体育经济与管理系，财经与体育似乎关系不大，其中体现了您作为中财校长怎样的办学理念？

218

王广谦：体育事业，尤其是现代体育事业与经济、与管理的结合十分密切。目前，体育产业已经成为我国社会发展的新兴产业。我们2004年设立体育经济与管理专业，旨在培养一批能够运用经济学、管理学理论和方法，策划体育活动（如运动会、俱乐部活动），将体育经济当作特殊的产业来管理的人才。而且，日益普及的社区体育工作和体育场馆的运营与维护需要更多的经济管理人才，这个专业具有光明前景。

记者：为什么中财特别注重法学、社会学等非经济类人才的培养？

王广谦：以2004年底中财设立法学院为例，我们的思路是：一个经济协调发展的社会必须要有规则，同时要保证社会公平。搞经济学的如果没有法学知识支撑，有可能只讲效率，不讲规则，以至影响社会公平与协调发展。因此，我们在法律系的基础上成立法学院，旨在加强经济学、管理学与法学的结合，致力于培养懂法律、懂经济、懂管理的高层次复合型人才。与此同时，法学专业和经济学、管理学专业可以互换教授上课。在这个过程当中，老师们在相互交流中潜移默化地吸收对方的思想和观点，再把这种理念与氛围传递给学生，教学相长。所以，我们不排除将来从财经学科中产生法学大家，也不排除从法学家中产生经济学大家的可能性。

记者：请谈谈中财人才培养的目标和方向？

王广谦：改革开放以来，财经管理一直是高考招生热门专业，中财连续多年排在全国招生高校20强之内，研究生招考也是如此。中财近期人才培养的主要任务是，扩大人才培养规模，调整人才培养层次，改善人才培养结构，转变人才培养模式。

创新教育需贯穿教育全过程 ①

当前，创新已成为社会上的热门话题，并被社会公众认为是高精尖科研领域不断取得突破性进展的代名词，大学也被社会公认为是创新教育的主要承担者。中央财经大学校长王广谦在接受记者采访时认为，创新教育不仅仅是大学的职责，而且应该贯穿在教育的全过程中，要做好大学与中小学创新教育的衔接。

问：您如何看待创新的意义及现在的创新教育？

答：党的十七大报告提出，要提高自主创新能力，把我国建设成创新型国家，表明国家对创新作为社会发展进步内在推动力作用的高度认同。当下国家大力提倡创新意识，我个人认为具有三个层面的意义，即在全球化背景下提高国家竞争力，在高等教育大众化背景下提高受教育者的主动适应力，在经济社会快速发展过程中提高人们生活质量的改善力。

创新是多层面的，我自己在做学术研究、做课题时，都主张将创新的概念进行扩展，不能将创新仅仅理解成尖端人才搞科研攻关，一切

---

① 《中国教育报》记者唐景莉访谈，选自 2008 年 5 月 16 日《中国教育报》。

都走在世界的前列，这对于目前的我国来说是不现实的。就提升国家竞争力而言，科研攻关走在世界前列很重要，但是就创新来说这还远远不够。同时，对创新进行狭义的理解，也会把从事创新的人员局限在走向前沿的少数科学家身上，这样反而不利于创新。

创新的形式也是多种多样的。它不光指发明和创造，引进、吸收也是创新。将专利变成产品是创新，改善工艺同样是创新。我们在实践中应秉承时时有创新、处处有创新的思路，这样才有助于我国创新能力的提高，为创新注入新的力量，而不要将创新仅仅看作是大学的事。

问：各个年龄阶段的学生有不同的生理、心理特点，在整个教育体系内，您认为应该如何做好创新教育从小学、中学直到大学的衔接工作？

答：在教育过程中应该坚持的总原则是顺应孩子的天性，同时要关注社会的影响。我们国家在这方面做得有些脱节和断层。我个人认为，在制度设计上要尊重各个教育阶段学生的生理、心理特点，并做好创新教育的衔接工作。小学阶段主要进行爱心、自信心的培养，中学阶段主要进行团队精神的培养，到了大学阶段应该注重增强学生的社会责任感。这方面我们要参考借鉴美国等教育发达国家的做法。

为了让小孩子能够健康快乐地成长，在小学教育阶段，学校和家长的主要任务应该是带着孩子玩，发现和培养他们的兴趣，同时给予鼓励和爱心，这样孩子在成长过程中，能够体会到这个世界是一个充满爱心的世界，也能获得一种安全感，从而增添爱心和自信，这有利于创新人才健康人格的养成。

到了中学阶段，孩子们也到了最好奇、好动的年龄，学校应该有意识地根据学生的兴趣、性格，安排学生参加社会实践、社区服务。这样不但能提高学生的动手能力和社会实践能力，而且也能培养其发散思维、创新思维，增强其责任心和团队精神，有助于形成尊重他人的意识。目前，我国的现状是，中学生一般都待在学校和家里学习，很少出去走动，这是违背孩子生理和心理发展规律的，不利于大学阶段创新型

大学的理念与中财特色

人才的培养。

到了大学阶段，美国等国家一般推行的是研究型学习，学业很重，学生很辛苦，但是有以前的经历和积累，学生比较容易沉下心来思考和解决一些问题，这样在创新方面也容易出成果。而我们国家，学生一到大学就觉得十年寒窗终于熬到头了，可以轻松一下了，加上以前缺少对社会现实的关注，很难在创新方面有所作为。所以大学教师不仅要帮助学生补回中学欠下的社会实践教育，还要对学生从思想和方法上进行创新教育的引导。中央财经大学特别设计了社会实践平台，而这项工作其实应该由中小学教育来完成。创新教育是一个连续性的工作，应该从小学抓起，而不能将它理解成大学的任务。

问：您觉得在进行创新教育过程中，社会和家庭应该给予什么样的支持？对于源自社会、家庭的一些不良影响，高校应该采取什么举措来应对？

答：我看过一篇报道叫《技能奥运会——没有中国选手参加的"奥运会"》，特别感慨。技能奥运会的内容涵盖范围非常广泛，从新娘美容到粉刷墙壁，从收拾餐桌到整理数据库，各行各业无所不包。涉及的行业从最古老的石匠、砌墙，到工业社会最重要的车工、电工，再到当今最新的计算机和网络技术，在如此宽广的范围中，竟然没有一个中国选手参加，更不要说获奖。一直以来，我们给孩子们灌输的价值观就是要成名成家，发大财当大官，如果有人对普通的职业教育感兴趣，产生热爱之心，往往会遭到家人的反对和周围人的耻笑，这无形中扼杀了一些孩子在这些方面学习和创新的动力与信心。

这就需要社会对创新人才标准重新进行认定。中国被称为"世界工厂"，需要大量在科技、管理、艺术等领域有创新能力的人才，实现从经济大国向经济强国的转变。在这方面作出贡献的人都是创新人才。当然，这种创新人才标准认定的转变是需要时间的，它需要社会发展的内在力量进行矫正。按照经济学成本收益规律，固守传统的人不能得到最高的利益，而跳出来走另外一条路的人有可能得到超额收益，这会对社会形成示范效应。走多样化道路的人多了，而且又能取得不错的收益，这自然会引导社会形成多样化的创新评判标准。

社会还需要对创新人才有宽容的态度。不能认为只有著名大学才是创新人才的聚集地，只有受过高等教育的人才能在创新方面有所作为。一个人无论学历高低，只要在自己的工作岗位上，对工作流程提出一些有益的思考、对工艺进行一些改进，就是创新性行为，这样的人就具有创新的素质。

在职业发展方面，社会要引导多元化的选择取向。创新不仅仅局限在高精尖的科研领域，更多地存在于各行各业的工作实践中。如果社会形成这样一种意识：所有的事情都可以创新，每个行业都可能造就创新型人才，对于个人在任何一个行业所取得的成就，社会都会予以尊重，那么，人人都可以找到适合自己的位置，都有可能做到有所创新。

由于学生在成长过程中，受到社会和家庭的影响并非都是正面的、尽善尽美的，所以在大学教育中，我们要考虑社会环境、家庭教育的综合影响，针对学生存在的普遍问题进行认真研究，并提出相应的、具有普适性的应对措施；对个别学生存在的较为严重的问题，我们要依靠基层辅导员，从心理、生活等各个方面给予个性化的指导。

问：中央财经大学在创新教育方面采取了哪些措施？

答：目前中央财经大学主要搭建了六大平台来促进创新教育的实施和提升：优质课程平台，通过课程的合理设置，让学生拥有科学完整的知识结构；国际化教学平台，培养学生的国际化视野，让学生能够用更高、更宽广的跨文化视角去看待问题；个性化教学平台，通过个性化服务，培养学生自主学习、终身学习的能力；文化素质教育平台，旨在培养学生综合素养；高水平讲座平台，帮助学生了解最新的学术动态、学术前沿问题，学习行业精英们的优秀品质；创新实践平台，主要功能就是补充中小学教育的不足，强调社会实践的重要性，并切实组织好学生的社会实践活动。

做历史车轮下担当责任的前行者 ①

中央财经大学依托历史的积累，如今已经发展成为国内财经类一流高校，被誉为"中国财经管理专家的摇篮"和"中国财经黄埔"。

从中央财政金融学院(中央财经大学前身)的一名学生，到2003年担任中央财经大学校长，王广谦走过了24年。谈及学校的发展历程，这位中央财经大学培养出来的土生土长的"引路人"流露出一种特殊情感。

成为高等教育的"国家队"

记者：2009年是中央财经大学（以下简称中财）建校60周年。相对一些历史悠久的大学，60年的时间并不长，请您简要梳理一下学校这60年的发展。

王广谦：60年历史对于一所大学来讲时间并不长，但是中财的60年是和共和国一起成长、一起发展的60年。不同发展阶段，中财承担不同的任务，也折射出不同时期国家在高等教育方面的方针、政策。

从1949年建校到20世纪50年代末，是学校初创时期。当时的任务是培训县级以上财政税务和银行系统干部，为全国财经院校培养师资，为

---

① 《中国社会科学报》记者王宙访谈，选自2010年1月12日《中国社会科学报》第15版。

少数民族地区和军队培养高级财经管理人才。其间，经过1952年全国院系调整，北京大学、清华大学、燕京大学、辅仁大学四所大学财经系科当中的应用部分与中央财政学院合并，成立中央财经学院，奠定了中财未来发展的重要基础。

20世纪60年代是单科性学院的形成期，标志是1960年学校更名为中央财政金融学院。那时的任务是发展学历教育，为国家经济建设培养高级财经管理人才，同时承担财经干部在职教育的重任，这是第二个时期。

第三个时期是改革开放复校以后至1995年。这时，迅速恢复原有学科专业，并逐步扩展相应的财经管理专业，以国民教育为主，兼顾干部教育，为财政金融等经济系统培养高级管理人才，是学校的主要任务。

第四个时期是向多科性大学转型期，标志性事件是1996年学校更名为中央财经大学。主要任务是进行学科和专业调整，由单科性学校向多科性学校转变。这是学校发展的关键时期。之所以更名为中央财经大学，就是为了从单科性大学向多科性大学转变，奠定学科快速发展的基础。

第五个时期是2000年划归教育部管理以后，标志性事件是学校转制，进入"211工程"国家重点建设大学行列，成为高等教育的"国家队"。这一时期学校的目标是建设高水平的大学。

培养担纲扛鼎的领导者

记者：您对一所大学的精神、传统、文化等软实力建设有何见解？

王广谦：大学的精神、文化、特色虽然与举办者的意志和信念相关，但总体上是由大学历史积淀形成的。

在西方高水平大学中，如美国许多大学提出把"适应社会需求，毕业生能够顺利找到工作"作为办学宗旨。美国西北大学凯洛格商学院提出，"要使学生成为更出色的管理人员，做起事来更有效率"。日本一桥大学则提出，"让学生掌握终身受益的原理性知识和处理技术问题的能力"。

大学文化的一系列概念中，我认为办学理念和大学精神最为重要。首先，要注意大学三大功能——学术研究、人才培养和社会服务三者之间的平衡与协调如何把握的问题。其次，要注意大学学术的自由与独立，政府、社会力量的制衡问题。最后，是人的培养和训练如何协调的问题，是通才培养还是专才培养的问题。

记者：那么，中财的大学精神是如何提炼出来的？

王广谦：中财的精神可以概括为"担当责任、勇往直前"。学校几次任务调整，政府都给予很重要的发展任务。从学校60年的发展历程来看，我们也做到了这点，培养了一大批精英和担纲扛鼎的领导者。校训是"忠诚、团结、求实、创新"，这是我们前辈总结的经验，也是中财精神最直接的体现。

金融本身就是国际化的

记者：您认为，今天财经类高校如何适应国际化需求，如何培养具有国际视野和国际交往能力的金融人才？

王广谦：马克思讲过，金融本身就是国际化的，是市场性的。今天，在经济全球化的快速推进过程中，金融是经济的核心，金融的全球化走在时代前列。从现实来看，外资的流动、汇率都受到了国际关注，凸显出现代社会金融的重要性。所以，培养金融人才，没有全球视野是不行的，没有全球思维也是不行的。

具体措施可以有以下几点：一是国际学生要有一定比例，学生来源一定要国际化。学生在多元文化氛围中学习成长，在多民族、多文化的交流中学习，素质会自然提高。这对优秀文化的传播融合、对学生未来的发展、对社会的文明和谐有益。二是国际教师要有一定比例。我校现有60多位外籍教师，未来这个比例还将增加。三是教学内容要反映国际前沿成果，采用优秀教材，采取启发式教学方式。要鼓励学生自主学习，培养创新思维能力，注重学生个性发展，培养学生建立国际视野的能力。四是实质性的国际交流合作。中财已经与近80多所国外大学和国际机构签订了正式合作协议，建立国际化的优势学科新平台，成为首批"国家建设高水平大学公派研究生项目"46所高校之一。特别需要强调的是，中财承担了国家为发展中国家培养高级经济管理人才的任务，至今已为64个发展中国家培训了300余位财经领域的领导者。

总之，国际化的目的还是要使学生有一个良好氛围、国际视野和社会责任心，这样才能担负起中财为国际社会服务的责任，才能使培养出来的学生适应国际化需求。

两种特色、五种能力

记者：与国际化对应的是本土化，本土化也可以理解为一个大学的办学理念与特色，中财在这方面有何经验可以分享？

王广谦：大学的本土化建设不应是自我封闭和对国际化的排斥，而是与国际化相互促动过程中的提升，财经类高校尤其如此。

中财在高等教育大众化的背景下，明确要以精英教育为主。我们是国家办的大学，是中央部委所属高校之一、教育部直属高校之一、"211工程"高校之一，还是五个拥有国家"优势学科创新平台"的高校之一，我们的目标就是建设高水平大学。

在办学历史上，学校成立之初是为了培养县级以上干部，是要改造社会、建设国家，要作奉献、承担责任。国家给了这样一个定位、这样一个任务，我们必须定位为精英教育。在高等教育层次，北大、清华走在前面，中财也应该是第一梯队里的。要通过国际化发展战略和高等教育大众化背景下的精英教育，把中财办成多科性研究型大学和国际名校，这是我们应承担的责任。

我们的办学特色有两点。一是人才特色。秉承"求真求是、追求卓越"的办学理念，构筑"走有特色、多科性、国际化、研究型"之路，贴近现实，面向前沿，培养一大批具有时代气象、推动经济社会向前向上发展的建设者和领导者。二是人才培养的特色。贯彻"强基固本、学以致用"的育人理念，依托多维优质教育平台，培养五种能力，即能够具有良好的素质和优秀的品质；能够拓宽国际视野，在东西方两个文化平台上自由转换；能够着眼于中国社会未来发展以及未来全球化趋势；能够担当国家发展责任、社会发展责任；能够从小事做起，仰望未来。

向前向上走，成为正面的力量

记者：作为一所专业特色鲜明的大学，中财的定位和未来规划是怎样的？

王广谦：中财定位具体包括类型定位、学科定位、办学层次定位、人才培养目标定位和服务面向定位。

建成研究型大学，能够成为社会精英人才的培养基地，研究重大经济社会与实际问题的科研基地，为国家经济社会决策提供智力支持的思想库。这是中财的类型定位。

我校现在以经济学、管理学为主体，以法学、工学、理学、文学等多学科为支撑。未来的发展目标是经济学、管理学、法学为主，文学、哲学、历史学、教育学及理学和工学多学科协调发展。这是学科定位。

以本科生教育为基础，研究生教育为重点，同时实施高等教育大众化背景下的精英教育，广泛开展高端继续教育，发展多种形式办学。这是办学层次定位。

使学生能够适应国家经济与社会发展的需要，富有高度的历史使命感和社会责任感，具有深厚理论功底、精湛专业能力、良好综合素质、优秀人格品质和国际视野的创新型精英人才。这是人才目标培养定位。

立足北京，面向全国，放眼世界，为国家经济社会发展服务，为人类进步作出贡献。这是服务面向定位。

关于中财的未来规划，我们明确为把中财建成有特色、多科性、国际化的研究型大学。这一总体战略目标将分三步走：2005年至2010年，学校总体处于国内先进水平，为实现教学研究型大学向研究型大学转变奠定良好和牢固的基础；2010年至2020年，建成具有鲜明特色的研究型大学；到21世纪中叶，学校建校100周年时，建设成为国际知名的、具有鲜明特色的、多科性、高水平研究型大学。

现在中国正处于变革时期，经济发展、国力提升，这种进步是在改革开放的不断推进下实现的，是在全球化背景下实现的。在社会大变革时，在历史车轮滚滚前行时，我们应承担什么责任？袖手旁观，你没有作贡献；如果拉"倒车"，这就更麻烦。要向前向上走，要朝着正确的方向，要成为正面的力量，这就是我们正确的道路。

大学应怀兼济天下的责任感 ①

中央财经大学（以下简称中财）凭借其独特的学科优势，培养了许多经济管理的拔尖人才，他们当中不少成为国家经济建设的脊梁。

11月，记者来到北京，在环境幽雅的中财采访了校长王广谦教授。谈到中财的发展、大学的人才培养等问题时，王校长展示了他对下一代的热切关怀、对高等教育的深刻思考及朴实无华的教育家风度。

培养一大批担纲扛鼎的人才

深圳特区报：综观世界著名大学，大多都是抓住历史的机遇发展起来的，中财在发展历程中抓住了哪些机遇？

王广谦：中财的办学并不是一帆风顺的，可以说是几经变迁，经历了坎坷，特别是在"文革"期间，学校被迫停办，校舍被卷烟厂占去，教师全部解散，教学设备和图书损失殆尽。"文革"结束后，学校在极其困难的条件下复校办学，还在全国率先开设了一些新的专业，恢复了研究生教育。学校在20世纪五六十年代培养了一大批担纲扛鼎的杰出校

---

① 《深圳特区报》见习记者林洲璐访谈，选自 2011 年 12 月 1 日《深圳特区报》"世界百所知名大学校长访谈录"。

友，1978年复校后培养的大批校友，现在也已成为国家经济管理部门、金融保险机构、企事业单位、学术界、文化界等行业领域的骨干力量。

我是1979年考入中财的，正好经历了那一段不平常的时期，当时物质条件极其困苦，还记得那时教室被占用，校园里堆满了烟垛。我们之前的1978级入学时一人领一个小凳子，三个班的学生在礼堂里舞台和第一排座位之间的通道上课。我们1979级则是在校园路边自己搭起的木板房里上课，但同学们对知识有强烈的渴望，那积极向上的劲头，一心想为百废待兴的国家作贡献的抱负，现在回忆起来依然是无限感慨。

工厂迁厂还校用去了10年的时间，严重阻碍了学校各项事业的发展，但是中财并没有由此而停歇，在条件不成熟的时候，同学们在埋头积累，当机会到来时，帅生们积极争取，特别是2000年，学校成为教育部直属的国家重点大学之后，步入了"入主流、办特色、建设高水平大学"的新时期。2005年学校成为国家"211工程"重点建设大学。2006年成为国家首批985工程"优势学科创新平台"项目5所高校之一。近几年学校抓住北京昌平建设高教园区这一契机，在昌平沙河建设新校区，为学校今后的更好发展奠定了良好的基础。

求真求是，追求卓越

深圳特区报：每所大学都有自己的风格，中财的风格是什么？

王广谦：时任教育部部长的陈至立对中财有一个评价：中财的一个特色就是务实，中财不是很大，但是很有名气，为国家经济建设培养了许多具有深厚理论功底的实干家。

围绕培育什么样的人和如何培养人这两个核心问题，在60多年的发展中，中财形成了自己鲜明的风格特色。一是培育的人才特色。中财培育了一大批具有时代气象、推动经济社会向前向上发展的建设者和领导者。二是人才培养的特色。培养"五种能力"，即创新能力、实践能力、自主学习能力、交流与合作共事能力、适应与引领未来能力，使学生能够具有良好的素质和优秀的品质，能够扩展国际视野、在东西方两个文化平台上自由转换，能够着眼于中国社会未来发展以及未来全球化趋势，能够担当国家发展责任、社会发展责任，能够从小事做起，仰望未来。

深圳特区报：中财的办学理念是"求真求是，追求卓越"，请问贵校在治校办学中如何体现这一宝贵的精神理念？

王广谦："千教万教，教人求真"这是温家宝总理接见我们一批获奖代表时借用著名教育家陶行知的一句话，我时刻铭记在心。自建校以来，中财也始终秉承"求真求是，追求卓越"的办学理念和"担当责任，勇往直前"的中财精神，并贯穿于学校教育教学工作的始终。

我想用两个生动的实例来特别说明"求真求是，追求卓越"的办学理念是如何引领我校文化、浸润广益师生，并最终又转化为实际行动的。一是我校的刘姝威研究员撰写的《应立即停止对蓝田股份发放贷款》一文，拆穿了"蓝田神话"，维护了国家与社会大众的利益。二是我校金融1962级校友李金华，在担任国家审计署审计长期间，突破障碍，掀起了监督政府的"审计风暴"，维护了国家的利益。他们作为广大中财师生的代表，用行动非常好地诠释了学校的办学理念。

设立人才培养模式试验区

深圳特区报：中财注重对学生创新精神与实践能力的培养，设立了人才培养模式试验区，请您介绍一下中财教育创新的探索与成绩。

王广谦：改革开放以来，特别是进入21世纪以后，为适应国家经济快速发展对拔尖创新型人才的需要，学校不断进行教育创新，探索创新型人才培养新模式。

从2003年开始，学校每年投入20万元，在本科生中进行科研创新立项。2007年学校成为首批国家大学生创新性试验计划项目学校60所之一，2008年成为北京市大学生科学研究与创业活动计划学校。2010年，学校成为国家财经应用型创新人才培养模式改革试点院校和专业学位研究生教育综合改革试点院校。学校通过多年的努力和探索，建立起了校级、北京市级、国家级三级创新人才培养试验体系。

例如，学校创建了经济学、金融学、财政学等国际化本科人才培养试验区，创办了"创业先锋班"，打造了"创业咖啡"俱乐部，对有创业潜质的学生进行个性化培养。启动了"未来经济学家"创新人才培养计划，由高水平的教师团队来指导学生搞科研，培养创新型的学术精英人才。此外，学校还与美国、英国、日本、澳大利亚等众多国家的知名大学合作。

学校还搭建了本科生科研创新平台和实践教学平台，在更大范围内培养学生的创新精神与实践能力。一是在本科生培养方案中设立实践、创新学分。二是开设创新教育课程，倡导研究性学习。学校开设了面向本科生的研究性学习课程"模拟投资银行"。三是对本科生科研创新项目进行专项基金立项，加大本科生科研创新活动资助力度。截至2010年底，本科生科研创新项目已经立项国家级225项，北京市级175项，校级786项。四是积极鼓励本科生参与教师高层次科研项目，在教师指导下锻炼和提升科学研究能力。

深圳特区报：中财对毕业生提出的要求是，不仅要具备科学、宽厚、扎实的专业知识，而且还要形成良好的人文素养，请问中财在人文素养的培养上有何创新之举？

王广谦：在人文素养的培养方面，学校以国家大学生文化素质教育基地为依托，以人文艺术类学科为阵地，以文化财经跨学科研究为支撑，构建了融人文教育、科学教育、素质养成、服务社会为一体的文化素质教育平台。

学校打造了"百门"文化素质教育精品课程，包括文史哲类、艺术类、社会法律类、自然科学类、体育类、职业发展类六大模块100门"文化素质教育精品课程"。学校的人文艺术类学科建设发展很快，我校的学生构成日益多元化，人文气息日益浓郁。

学校注重加强校园文化建设，营造浓厚的校园文化氛围。每年定期举行"五四文化节""学术文化节""证券文化节"等丰富多彩的校园文化活动；打造了"中国国情大讲堂"和"文化素质大讲堂"，邀请各界知名人士来校做"人文精神100讲"和"科学精神100讲"系列讲座；开辟了"39号艺术空间"和文化盛宴长廊；建立了陶吧，为学生提供艺术氛围的熏陶；开展"榜样中财""凡星中财"评选，形成追赶并力求超越的热烈的文化氛围。

"质量立校"是不断发展的法宝

深圳特区报：您曾经说过，要给最优秀的学生最好的教育。您如何定义最好的教育？

王广谦：中财每年吸引着来自全国各地非常优秀的生源，如何将这些优秀的学子培养成具有国际视野、融合多元文化、拥有扎实专业知识和良好科学人文素养的全面发展的创新型人才，使他们成为推动我国经济社会向前向上发展的中坚力量，一直是我们时时刻刻思考的问题。1999年12月，江泽民同志为中财建校50周年的题词，"努力办好中央财经大学 为社会主义现代化建设培养高素质财经管理人才"，就强调了我们肩负的历史使命，我们应有兼济天下的责任感。

当然，"最好的教育"是相对的概念。好的大学教育和高中不一样，它很难量化，但最重要的一点是，我们要提供本领域最优秀的师资。大学非"大楼"乃"大师"也，我们要全力依靠学识高深、品德高尚的优秀教师。此外，结合使用最前沿的教材，传授给他们国际上领先的知识和理论、方法，确保他们的思想意识、价值观、知识的体系性和完整性。

事实上，最好的教育首先必须是高质量的教育。无质量，何以立校？更遑论跻身世界一流大学的行列。"质量立校"是学校近60年来不断发展、办学质量不断提高的法宝。长期以来，学校始终坚持以培养高质量的人才为"立校之本"，并且深刻地认识到，要想跻身一流大学行列，不应当在规模上争大小，而应在质量上下功夫，以质取胜。因此，学校始终将人才培养质量放在学校头等重要的位置上，坚持"质量立校"。几任校领导班子始终坚持"办学应该坚持质量第一的原则，以质量求生存，只有这样，才能在竞争激烈的环境中生存和发展"，一直强调"大学的生命力不但体现在规模发展上，更重要的是人才培养的质量"。正因为学校特别重视人才培养质量，学校毕业生一直受到用人单位的青睐，赢得了良好的社会声誉。

深圳特区报：国际化对于中财的意义是什么？中财是如何推进国际化的？

王广谦：中财要培养有能力管理全球事务的财经人才，他们要担当社会责任、国际责任，要有国际视野、全球思维，更要有一颗为全人类服务的心。国际化教育就是要使学生有国际视野和社会责任心，这样才能担负起中财为国际社会服务的责任，才能使培养出来的学生适应国际化需求。

学校的具体措施：一是提高国际学生的比例。学生来源一定要国际化，学生在多元文化氛围中学习成长，在多民族、多文化的交流中学习，素质会自然提高。二是国际教师要有一定比例。我校现有60多位外籍教师，未来这个比例还将增加。三是教学内容要反映国际前沿成果，采用优秀教材，采取启发式教学方式。四是实质性的国际交流合作。中财已经与近80多所国外大学和国际机构签订了正式合作协议。特别需要强调的是，中财承担了国家为发展中国家培养高级经济管理人才的任务，至今已为64个发展中国家培训了400余位领导者。

要有兼济天下的责任心

深圳特区报：中财选拔人才的标准是什么？

王广谦：优秀学生的评价标准不再只是分数高，还要考虑他的综合素质和潜能。学生不仅要功底扎实、深厚，还要思想品质好，拥有优良的人格素质，拥有健康、积极的心理素质，还要有良好的科学与人文素养，同时，还要富有较强的创新精神和实践能力，促进自己的个性发展和特长发挥，成为社会需要的综合型人才，只有这样才能够比较从容地面对未来各种不确定性的挑战。

在经济全球化的背景下，具备良好的国际视野无疑也是高水平财经人才的必要条件。而最为重要的一点，则是要具有崇高的理念和兼济天下的责任心，如无高尚之情怀、担当之信仰，也很难成就大器。

深圳特区报：作为中财的校长，您对深圳中学生有何建言？

王广谦：首先，希望同学们既要注重对知识的不懈追求，又要积极参加社会实践活动。参加社会实践活动不但能提高学生的动手能力，而且也能培养其发散思维、创新思维，增强其责任心和团队精神，有助于形成尊重他人的意识。目前，我国的现状是，中学生一般都待在学校和家里学习，很少出去走动，这是违背孩子生理和心理发展规律的，不利于大学阶段创新型人才的培养。

其次，希望大家增强自我规划的能力，确立符合实际的目标。要充分了解自己，找到自己的热情和兴趣，根据自己的兴趣和需要，确定好近期和远期的目标，挖掘自己的潜质，发挥创造力、才华和优势，让自己的青年时代有方向、有内涵、有光彩。

最后，希望大家牢固树立担当责任的意识，关心他人，关注社会。将实现自我价值和报效祖国、服务人民、服务社会联系起来，将远大理想与脚踏实地、开拓创新结合起来，用信念、智慧和努力去承担我们肩上的使命与责任，去成就心中的梦想和辉煌！

记者访谈 ●●●

中财：创新教育的典范①

教育是立国之本，强国之基。

改革开放以来，我国的大学教育由精英教育迈入大众文化教育，这在一定程度上是具有里程碑意义的历史性跨越。目前我国已成为高校在校人数居世界首位的高等教育大国，但是不得不承认，距离真正的教育强国我们还有很长的路要走。坚守大学的核心价值观，追求和发展自身特色，培养适应社会发展的多样化、多层次的高素质人才，是未来大学迈向世界一流的必由之路。

中央财经大学（以下简称中财）是新中国中央人民政府直接创办的第一所财经高校，这些年凭借独特的学科优势、优质的办学质量、务实的学风精神，培养了众多经济管理领域的拔尖人才，他们当中不少人成为国家经济建设大业的脊梁，为社会主义建设事业作出了积极的贡献。

近日，中国网记者前往中财，围绕中财的发展、大学的人才培养等问题采访了王广谦校长，近距离地了解、感受这位"中国最具魅力"校长领导下的活力中财。

---

① 中国网记者段海旺、钟膳蔚访谈，选自 2012 年 6 月 12 日中国网。

中国网：近年国家重视教育体制改革，并制定了一系列政策纲要及指导意见，请问中财在落实体制改革方面做了哪些工作？近期工作重点有哪些？

王广谦：学校高度重视教育体制改革工作，当前，学校发展进入了推进学校教育事业内涵发展的新时期，近期要着重推进以下几个方面的工作：（1）推进"财经应用型创新人才培养模式改革"国家教育体制改革试点和教育部专业学位研究生教育综合改革试点工作。（2）落实好国家"2011计划"，做好"2011协同创新中心"的培育创建工作，在推进协同创新方面取得实效。（3）2012年教育部、财政部和北京市人民政府签署协议共建中财，我们将以此为新起点，全面推进学校发展，不断提高学校服务经济社会发展的能力，推进中财科技金融产业园和大学科技园建设。（4）制定《中央财经大学章程》，推进现代大学制度建设。（5）2011年学校科技金融产业园成为北京市政府重点项目"首都资源创新平台"签约单位。下一步，学校以继续国家教育体制改革试点工作为主要抓手，不断推进教育教学改革。（6）学校制定了《中央财经大学哲学社会科学繁荣计划实施方案（2011—2020年）》，提出了4项重点建设内容和9个具体建设项目，接下来将积极推动其落到实处。（7）落实《"十二五"期间文化建设重点工作》，全面推进学校文化建设。（8）建立科研试验区、启动青年科研创新团队支持计划，推动科研体制改革。

这是我们学校落实教育体制改革和近期比较重要的几个方面的工作，当然还有其他方面的重要工作，比如全力推进沙河校区建设，不断完善办学条件，继续加强"211工程""经济学与公共政策优势学科创新平台"建设，推动教学科研改革创新，等等。

中国网：作为一名管理者，您认为大学可持续发展的动力是什么？

王广谦：大学要可持续发展，要有大学精神和大学理念作支撑。大学精神是大学的灵魂。大学要有崇高的追求，要朝着正确的方向，成为正面的力量。一方面，要有崇尚知识、追求真理的信心和恒心；另一方面，要有强烈的责任感和使命意识，始终将自身发展和国家、民族、

记者访谈 ●●●

人类社会的发展紧密联系在一起，成为社会进步的推动力量。大学理念是大学的根本。大学理念有共性也有个性，共性如质量立校和人才强校等，每个大学都强调；个性是说大学要有适合自己的发展理念，要树立自己的品牌，办出自己的特色，这是一所大学的存在之本、发展之源。

我校是新中国中央人民政府直接创办的第一所财经高校，自建校以来始终秉承"求真求是，追求卓越"的办学理念、"忠诚、团结、求实、创新"的校训和"担当责任，勇往直前"的中财精神，以兼济天下为己任，培养了一大批精英和担纲扛鼎的领导者，为国家建设和经济社会发展作出了贡献，得到了社会的肯定和认可。学校将以此为动力，再接再厉，不断奋进。

中国网： 中财是我国教育部直属重点院校，人才辈出，对整个社会文明进步作出了巨大贡献，请问中财实行的是怎样的人才培养模式和评价体系？

王广谦： 围绕培育什么样的人和如何培养人这两个核心问题，在60多年的发展中，中财形成了自己的鲜明风格和特色。一是培育的人才特色。中财培育出了一大批具有时代气象、推动经济社会向前向上发展的建设者和领导者。二是人才培养的特色。培养"五种能力"，即创新能力、实践能力、自主学习能力、交流与合作共事能力、适应与引领未来能力，使学生能够具有良好的素质和优秀的品质，能够扩展国际视野、在东西方两个文化平台上自由转换，能够着眼于中国社会未来发展以及未来全球化趋势，能够担当国家发展、社会发展责任，能够从小事做起、仰望未来。围绕"五种能力"培养，学校搭建了优质课程教学、创新实践教学、个性化教学、国际化教学、文化素质教育、高水平讲座"六大平台"，构建起了创新型人才培养体系。

中国网： 近几年中财都有哪些教学科研成果？

王广谦： 近几年来，学校不断深化教育教学改革，取得了一系列成果。截至2012年初，学校拥有国家级精品课程和北京市级精品课程17门，先后获得5项国家级教学成果奖和21项北京市教学成果奖。拥有国家

239

级教学团队3个、北京市级教学团队8个、国家级教学名师2人、北京市教学名师6人。2006年和2007年，学校相继成为教育部"国家大学生文化素质教育基地"和"国家大学生创新性实验计划项目"首批高校。在2008年教育部本科教学工作水平评估中获得优秀奖。2010年，学校成为国家"财经应用型创新人才培养模式改革"试点院校和教育部专业学位研究生教育综合改革试点院校。学校人才培养质量稳步提高，在"APEC未来之声"、"挑战杯"全国大学生课外学术科技作品竞赛、"外研社杯"英语辩论赛、大学生数学建模竞赛等活动中，我校学生表现出色。

作为我国经济学、管理学领域的重要科研创新基地，学校以研究国家经济社会发展中重大问题为重点，科研服务政府决策能力显著增强，其中，《垄断资本全球化问题研究》《中国人力资本指数分析报告》《人民币国际化：基本判断与近期选择》等标志性成果不仅在学术界引起很大反响，也引起中央领导、国家部委及国际组织的高度重视；围绕"印花税""股指期货""个人所得税"等民生热点形成的提案在"两会"期间引起广泛关注。

学校通过建立科研试验区、启动青年科研创新团队支持计划，探索组建跨学科、跨学院的科研创新团队，推进科研机制创新。目前已入驻科研试验区的团队有5个，共资助青年团队13个。科研试验区和青年创新团队呈现出良好的发展态势，推动了学科交叉融合，并取得阶段性成果。如入驻试验区的中国社会保障研究中心发布的《中国社会保障发展指数报告（2010）》，为我国首部社会保障发展指数研究报告，被称为"中国社会保障发展指数绿皮书"。

学校积极推进产学研用一体化。2009年我校科技园成为北京市级大学科技园，目前已有在孵企业58家，注册资本金达到1.8亿多元。2011年学校科技金融产业园成为北京市政府重点项目"首都资源创新平台"签约单位，为聚集科技金融企业和机构、推动科技金融产业研究提供了平台。

中国网：在成为世界一流大学的道路上，您认为中国的大学亟须解决哪些问题？

王广谦：当前我国高等教育存在几种值得注意的倾向：第一，大学功利化趋向明显。比如，大学的运作越来越商业化，项目设置越来越重视收益回报，对教师的评价重视科研成果的数量指标而忽视质量。第二，在全球化背景下，大学之间的交流与合作出现了过于形式化和不正当竞争的现象。第三，大学在对核心价值观的坚守、对社会责任感的重视、对创新方向的引导等方面都存在不足。

高等教育要走出困境，需要尽快回归其本位，扭转过于功利化的趋势，坚守大学的核心价值观。当然，这些是远远不够的，它只是让中国高等教育回归正轨。要建设世界一流大学，我们任重道远。首先，必须要有世界一流的学科。要有若干世界领先的学科，其他学科也应该有一定的实力和影响。要不断提升学科建设水平，汇聚高水平的师资队伍，创造优秀研究成果，给予学生科学完整的知识和先进文明的思维方式。其次，要不断提升国际化水平。要加强国际间的交流与合作，使教师和学生具备国际眼光、国际视野，担当社会责任、国际责任，受到国际多元文化的熏陶，树立为全人类服务的志向。

中国网：中财下一步工作重点是什么？"十二五"期间施行怎样一个中长期规划？

王广谦："十二五"时期，学校发展进入了"内涵提高，特色强校"的新阶段。2010年我校召开第五次党代会，提出了着力"五个提高"（提高人才培养质量，创新人才培养模式；提高学科核心竞争力，建设具有财经特色的优势学科群；提高科研创新和服务能力，打造创新研究和服务经济社会发展的财经平台；提高教师整体水平，全面实施人才强校战略；提高学校国际化水平，大力实施国际化战略）和推进"两项建设"（推进新校区等基础能力建设，不断改善师生学习、工作和生活条件；推进现代大学制度建设，深化管理体制和机制改革）的主要任务。

我校"十二五"规划进一步提出，"十二五"时期学校的总体发展思路是：重点围绕一个核心（大力提高人才培养质量），用好两个抓手（以

"财经应用型创新人才培养模式改革""专业学位研究生教育综合改革试点项目"为主的教育教学改革和以"211工程""经济学与公共政策优势学科创新平台"为主的学科建设），突出"三个着力点"（完善学科布局与构建特色学科群、创新人才培养模式、健全质量保障体系），完成"十大建设任务"（大力开展财经应用型创新人才培养模式改革、着力实施专业学位研究生教育综合改革试点项目、积极创新学术型人才培养模式、构建具有财经特色的优势学科群、全面实施人才强校战略、努力打造创新研究和服务经济社会发展的财经平台、大力实施国际化战略、加快推进现代大学制度建设、大力推进沙河校区和数字化校园建设、大力加强校园文化建设），努力开创建设高水平研究型大学的新局面。

中国网：中财目标很明确，相信在您的领导之下，中财定会越办越好！感谢王校长接受中国网的采访！

比名次更重要的是内涵 ①

——从学科评估看学科建设

高校间的竞争，很大程度上是办学特色的竞争，而办学特色的基础就是学科特色。特色是学科建设的灵魂，形成特色、突出特色和发扬特色是提升学科核心竞争力、获得领先优势和建设世界一流学科的重要途径，许多世界著名大学的一流学科发展充分说明了这一点。

教育部学位与研究生教育发展中心日前公布了第三轮学科评估结果。从学科评估看学科建设，如何发展传统学科？如何派生新学科？如何推进学科交叉？中央财经大学校长王广谦接受了本报记者的采访。

记者：对于高校发展而言，学科建设堪称学校发展的主线。此次评估，许多拿第一的学科，都是学校多年经营的王牌学科。面对激烈的竞争，传统学科如何保持优势？

王广谦：在这次评估中，中央财经大学应用经济学与北京大学并列第二。财政税务、金融保险、国际贸易、国民经济学等学科是中央财经大学最先设立的学科，经过60多年的发展，已成为学校的传统优势学

---

① 《中国教育报》记者唐景莉访谈，选自 2013 年 3 月 25 日《中国教育报》。

科，为我国经济社会发展培养了大批担纲扛鼎的人才。在当前经济全球化和高等教育国际化背景下，高校要想保持传统王牌学科的优势，必须坚持对传统的承续和创新。要做到对传统的承续，需要有高水平的学科带头人和结构优良的学术梯队。一所高校若没有顶尖的学科带头人，就不大可能产生具有全国甚至全世界影响力的王牌学科。而要想维持王牌学科持续的影响力，就必须加强学术梯队的建设，确保年轻人在学科带头人的指引下脱颖而出，成为新一代的学科带头人。要想做到创新，就必须特别强调为追求学术而献身的科学精神，鼓励学术争鸣。需要不断加强与国际同行的密切交流与深度合作，瞄准学科发展最前沿，不断推出新的学术成果，同时将这些新成果及时融入教学体系，传授给学生最新的知识。在我们学校发展过程中，财政、金融、会计、税务和保险等学科之所以能够始终保持优势，就是因为在每个学科发展的不同阶段都有若干个一流的学科带头人和一支勃勃生机的学术梯队。

记者：通过"985工程"建设，高校新建了不少平台和基地，使学校的科研工作有了新的增量和交叉研究的平台。面向未来，如何推进学科的交叉融合，真正形成一种能够围绕国家重点项目、重大任务和重大问题的科学研究体制和机制？

王广谦：自启动"211工程"和"985工程"以来，我国高水平大学办学质量和效益明显提高。中央财经大学就是其中受益者之一。我们在"211工程"建设的基础上，借助"985工程"创立了"经济学与公共政策优势学科创新平台"，吸引了一大批海外优秀人才加盟。考虑到他们大都在欧美高水平大学接受过系统的博士教育，掌握了西方前沿经济学理论与知识，对欧美国家的学术研究方法非常熟悉，具有开阔的国际视野，我们在校内建立了与传统体制不一样的"学术特区"——成立专门的学术机构，其运行机制与西方欧美大学的学院管理模式大体相近。学校鼓励他们以国家经济社会发展中重大问题为研究重点，在研究过程中，既要利用所学的西方经济学原理和方法分析中国经济社会问题，更要立足中国国情，鼓励他们加强与校内其他学院的学者进行深度合作，

记者访谈 ●●●

发挥各自优势，促进交叉融合。

在建立"优势学科创新平台"的同时，学校还通过建立科研试验区、启动青年科研创新团队支持计划，探索组建跨学科、跨学院的科研创新团队，推进科研机制创新。在国家实施"2011创新计划"之际，我们在财政部的支持和协调下，联合财政部、国家税务总局、社会科学院等所属研究机构和财政部原部属院校成立了"中国财政发展2011协同创新中心"，整合不同学术单位之间的学术资源、打破高校与政府宏观经济管理部门之间的"藩篱"，探索建立跨学校、跨部门的科研合作机制。

政府管大事　高校办特色 ①

编者按：以转变职能和简政放权为重点，推进教育管办评分离，形成政府管教育、学校自主办学、社会广泛参与的新格局，这是教育部今年的重点工作之一。本报今天推出"简政放权进行时"系列报道，关注扩大省级政府教育统筹权，以及落实和扩大高校办学自主权，敬请关注。

追求真理、培养人才，这是大学的本质。大学办学自主权是指大学作为一个独立的学术机构，为了完成历史使命和时代任务，进行自我调适、自我调整的能力。它是进行创造性研究和教学活动的必要条件，是分析高校与政府和社会之间的关系的关键点，反映了政府和社会对学校活动支持和干预的程度。怎样进一步理顺政府与高校的关系，扩大和落实高校的办学自主权？中国教育报、中国教育新闻网3月24日专访中央财经大学校长王广谦、中国政法大学党委书记石亚军。

明晰管学和办学权力边界

记者：落实高校办学自主权是治理体系改革的一个重要内容。就外

---

① 《中国教育报》记者唐景莉访谈，此为访谈中王广谦的谈话部分，选自 2014 年 3 月 31 日《中国教育报》。

部而言，要理顺政府、社会和学校的关系，政府、社会和学校应当是怎样一种关系？三者的关系又该如何理顺？

王广谦：政府、社会和大学之间的关系不能简单地理解为领导与被领导、培养人和使用人的关系。应该说，这三者共同承担着培养高素质、高水平人才的责任，同时也承担着通过培养高素质、高水平人才推动社会进步的责任。三者在培养人才过程中的责任和重点各有不同，但是目标是一致的。就部属大学来说，如中央财经大学和中国政法大学都是教育部的直属大学，都是由国家举办、政府主管的。国家作为投资者、管理者，对于大学具有领导权、调控权、监督权。但国家、政府在行使这些权力的同时，如何保证大学的主动权和积极性，这里边的学问很大。

总的来说，政府管理大学的重点应该在管方向、管政策、管引导、管评价这几个方面，通过完善制度让大学在办学过程当中，充分发挥教职员工特别是师生的主动性、创造性。例如，教育部最近公布的24项权力清单，就是一种解决的方式。

现代大学承担着人才培养、科学研究、社会服务、文化传承与创新这四大功能，这也是大学的使命。同时，大学还是政府向社会提供公共服务的重要载体。从大学的经费来源来看，不论是来自政府的经费，还是来自学生的学费，以及来自社会的捐赠，它们都是公众创造财富的积累和使用。因此，大学必须为国家战略服务、为社会服务，要对政府负责，也要对社会公众负责，更重要的是要为未来负责。大学的品质对建设美好的社会至关重要。

大学与社会的关系不仅仅是人才的培养者与接受者的关系，更具有内在互融的关系。大学为社会提供人才和智力支撑，社会为大学提供发展的舞台和空间。学生来自社会公众家庭，是在家庭教育、学校教育、社会教育互融当中成长起来的，培养好学生是学校的责任，也是社会的责任。因此，现代大学应该更加融入社会，社会应该更加关心大学，社会和大学应该建立紧密的联系，这很重要。

一方面，大学的发展和这四大功能的实现需要社会的广泛参与，如设立基金会、理事会、校企研究中心、科技转化中心、培训中心等；另一方面，社会应该给大学更多的支持，为大学的发展提供平台，也就是提供政府以外的资源，给大学发展提供创新的活力和动力，甚至一些驱动力。所谓的需求引导创新，不仅包括人才培养的创新，而且包括科学研究创新、社会服务创新、文化传承创新，社会有这种需求，大学做这种创新，而这种创新的实现给了社会很大的引导和促动。

总之，理顺三者的关系，需要完善教育法规体系和加强制度建设，完善我们大学的制度。

落实办学自主权总体向好

记者：《高等教育法》规定，高校享有招生、学科专业设置、教育教学、科学研究与社会服务、国际交流合作、机构设置与人事管理、财产管理与使用七个方面的自主权。《国家中长期教育改革和发展规划纲要（2010—2020年）》颁布实施以来，高校在选拔录取、本科专业设置、自行审核一级博士点、设置研究生院、招聘人才、校长公开选拔及资产管理等方面获得了更多的自主权。在你们看来，高校现有的办学自主权落实得怎么样？

王广谦：中央财经大学是教育部的直属大学，我的体会是直属高校享有的办学自主权还是比较充分的，在大的方面和关键点上还没有遇到学校希望主动办学、提高质量和水平而受到过多政策约束或者教育部干涉的情况。例如，教师招聘、聘请高水平学者、专业设置、校园建设等方面，教育部领导和各司局都给了一些重要的指导性意见，对我们有很多的促进和引导作用。当然，在一些指标规定如本科毕业生保研比例、教师职称比例结构等方面仍有改进的空间。

我认为，办好大学并培养高水平的人才，通过简政放权和扩大学校自主权仅仅是一个方面，而不是全部的内容，更重要的还在于大学自身的发展动力。在扩大办学自主权问题上，在与地方高校领导的交流中，我感觉地方政府对地方高校管得比较死，高校的办学自主权落实得还不够好，这也影响了地方高校的发展。

防止地方截留高校自主权

记者：要进一步清理政府的隐性职能，这确实是一项比较艰巨的任务。我曾查看过一些历史资料，如1979年12月6日《人民日报》发表了复旦大学校长苏步青、同济大学校长李国豪、华东师范大学校长刘佛年、上海交通大学党委书记邓旭初等高校领导呼吁给高校一点办学自主权，这些校长、书记的真知灼见得到很多高校的积极回应，学者们也开始进行相关研究。作为高校的负责人，可否谈一谈你们希望在哪些方面进一步扩大高校的自主权？

王广谦：这是一个很有挑战性的问题。刚才我提到，就我校而言，并没有感觉到自主权管理过严或者没有发展空间。自主权还是需要紧扣我们初级阶段的国情及现阶段的社会状况。例如，自主招生顶着压力找出好学生也是很不容易的，很多方面需要在发展过程当中解决。改革需要一个过程，如果完全按照西方大学的自主权去套的话，现阶段恐怕也是不行的。因此，确定方向下决心推进很重要，在推进过程中根据经济社会和大学发展的实际状况有所区别也很重要。这也是一个系统工程。

坚持放权和监管两轮驱动

记者：放权很重要，监管也非常重要。据了解，有些高校内部治理还不够完善，影响了自主权的有效行使。请问，要进一步扩大和落实高校自主权，怎样坚持放权和监管同步？

王广谦：随着办学自主权的逐步扩大，以及发展过程中国内外形势的变化，政府、社会、大学自身对办学都特别关心。因此，要建立更好的大学制度、大学章程，用它来约束大学，包括大学组织机构和学科专业设置的科学化、大学精神和大学文化的提炼凝结，以及大学治理结构的合理化和实施中的精细化，这些应该都是大学章程当中应该包含的内容。

放权和监管如何同步？一方面，政府在实行权力清单管理、坚持放权的过程中要实行同步监管。主要是制定高等教育的基本规范和国家标准，使高校办学有章可循，也便于与国际比较，通过规范和标准来管理高等教育，通过规范和国家标准的贯彻落实及评估、督导、惩戒等监管措施，促进大学的自律管理，推进我国高等教育的整体现代化。

另一方面，更重要的是大学自身的发展。而促进大学自身发展是件很不容易的事，它受多重制约，受到社会各种因素的影响。不是说某一个伟大的教育家，如美国一所著名大学的校长来华办学，就一定能成功，这与一个国家的文化传统相关，与一个国家的发展阶段相关，与社会状况、社会评价、社会价值观等都相关。但是，至少有一点是对的，就是办好大学，要在办学过程中尊重它的教育规律、教学规律、人才成长规律，不能急于求成。

记者访谈 ●●●

高水平大学要承担更多国家和国际责任①

《人民政协报》教育在线高教高端栏目开栏语：2015年10月24日，国务院印发《统筹推进世界一流大学和一流学科建设总体方案》，要求按照"四个全面"战略布局和党中央、国务院决策部署，坚持以中国特色、世界一流为核心，以立德树人为根本，以支撑创新驱动发展战略、服务经济社会发展为导向，坚持"以一流为目标、以学科为基础、以绩效为杠杆、以改革为动力"的基本原则，加快建成一批世界一流大学和一流学科。

全国政协一直高度关注高等教育工作。例如，2015年11月5日，全国政协在京召开第四十一次双周协商座谈会，专题围绕"促进高校办出特色和水平"建言献策。2014年起，全国政协教科文卫体委员会与教育部联合开展高等教育相关课题调研，许多教育界委员专家参与其中。为发挥政协委员的密集优势、呼应教育界的关注、推进有特色高水平大学建设、推动高等教育内涵式发展、促进高校办出特色争创一流，教育周刊从2016年开始，将高等教育作为一个重要的报道方向，并开设"高教·高端"专栏。

---

① 《人民政协报》记者解艳华访谈，选自 2016 年 1 月 13 日《人民政协报》。

大学的理念与中财特色

2015年10月，国务院正式公布了《统筹推进世界一流大学和一流学科建设总体方案》，随着该方案的颁布与实施，我国高等教育必将走向一个全新的多样化发展阶段。作为财经类院校如何办出有特色、高水平大学，近日，记者采访了全国政协委员、中央财经大学校长王广谦。

一流大学要培养精英领袖型人才

《教育在线》：中央财经大学（以下简称中财）曾是一所财经类单科性院校，多年前开始朝着多科性方向发展，当初是出于何种考虑？

王广谦：中财是新中国成立后中央人民政府创办的第一所新型高等财经院校，历经中央税务学校、中央财政学院、中央财经学院、中央财政金融学院等发展阶段，1969年被迫停办，1978年复校，1996年更名为中央财经大学。1978年复校的时候，学校仅恢复开设了财政、金融、会计三个专业。随着社会经济发展对人才需求的变化，我们陆续恢复了20世纪五六十年代曾开设的全部专业并开始不断扩展新专业。这期间最重要的节点是1996年更名为大学，在那前后确定了从单科性向多科性院校发展的方向，即以经济学、管理学和法学为主体，文学、哲学、理学、工学等多学科协调发展。

作为一所中央级财经院校，我们的定位是培养业界精英和领袖人才，也就是说，学生要具备良好的科学素养、人文素养、市场法制观念，同时也要有国际化视野。我们不仅要把学生培养成优秀的业务能手，还要赋予其创新和引领社会发展的能力和责任，没有综合能力的培养，这是难以实现的。单学经济，学生的视野还是窄了些，而理工科可以训练学生的科学素养，人文科学可以涵养学生的人文情怀。因此，要办高水平大学，需要综合性学科支撑，学生才能全面成长。

从单科性向多科性转型，并不是搞"拼盘"，是要在财政税务、金融保险、会计统计、贸易经济等传统优势学科基础上，根据国家需求和学校实际扩展相关学科。在突出理论经济学、应用经济学、工商管理、公共管理、工程与项目管理、信息管理等财经管理学科特色的同时，积极发展法学、文学、理学、工学等其他学科。新扩展的学科，学校也有一定的基础，并坚持高起点、强特色的方向。实践证明，学校新扩展的学科自身发展都很好，已经得到社会的认可与好评，同时对财经管理学科人才培养的高水平提供了极大的支撑。当然，也并不是说所有的单科性大学都不能办成高水平大学，如体育、艺术类院校，这些院校具有鲜明的特性和相对独立性，因此独立办校有很大的优势。但是财经管理学科有很大的不同，这些学科需要有更综合的知识和能力，财经类大学如专业设置过窄，在人才培养方面与综合性大学的财经专业相比优势并不明显。

《教育在线》：这是在什么背景下提出来的？

王广谦：大学的发展和人才培养方向在很大程度上取决于国家经济发展水平。这些年，中国经济地位不断上升，并且开始引领世界经济发展，在此过程中，如果没有与之相匹配的人才，也就是我们培养的人没有宽广的视野，没有综合的科学文化素养，如何引领全球经济发展？

当然，并不是所有大学都要培养精英人才。学生本身也是有差异的，以中财为例，我们每年的招考分数排在全国第12名左右，从高考这条线来说，到中财的学生都是很优秀的，在全国2000万左右同龄人中，他们是前两三万名的学生，这就要求我们老师必须努力，给他们最好的教育。

《教育在线》：那是精英中的精英。

王广谦：可不是嘛，百里挑一、千里挑一。未来的国际竞争，实际上就是人才的竞争，这批人在为中国社会经济发展作贡献的同时，也要在全球经济发展中有发言权，能够参与国际规则的制订、引领世界未来发展。一流高水平的大学，就是要承担国家责任和国际责任，在这个过程中，需要建设若干所以财经管理为核心学科的多科性的、综合性的大学，才能和中国当前和未来的地位相适应。

《教育在线》：大家对中财学生的印象是业务能力强，是应用型人才，这跟刚才您说的培养精英领袖人才有矛盾吗？

王广谦：不矛盾。因为中财有重视实际应用的人才培养传统，学生知识基础牢固，业务上手快，又踏实能干。领袖型人才不是一开始就是领袖，还是要从社会、从市场、从基层一点一点做起。好高骛远，谁让你当领袖去？只有具备了领袖人物的综合素质或潜质，才有可能在实践中成长为领袖。没那个素质或潜质，很难成长为领袖。当然，这也是我们的特色。我们既要培养学生基础扎实、务实肯干、勤奋敬业、勇于奉献的精神，又要培养他们的综合素质，保护和培育他们的创造意识、创新精神和创业能力，发现和挖掘他的潜能，还要给予他们一种信心，一种为社会贡献正能量的理念，一种引领社会发展的前瞻性视野和大气宽广的胸怀。

《教育在线》：单科性向多科性发展经历了多长时间？

王广谦：我们前后筹划了10多年，从20世纪80年代中期就开始努力了，到1996年正式更名为大学，成为学校成功转型为多科性、综合性院校的标志。到2000年，学校成为教育部直属的国家重点大学之后，又步入了"入主流、办特色、建设高水平大学"的新时期。

原来我们由财政部主管，优势是跟行业企业接触紧密，开设的学科专业与行业需求契合度高，学生上手快，好用。那个时候我们也属于"国家队"，但那是在单项比赛上，就像排球锦标赛、篮球锦标赛，进入教育部就不同了，直属高校都是各部委各行业的龙头院校和知名综合型大学，在这个平台上竞争就像"奥运会"，这是综合性的，我们在里面规模和学科就算是较少的了。所以，我们提出要入主流，同时要办出自己的特色。

原来我们进行国际比较，盯的国际名校主要是财经管理为主要特色的高水平大学，如日本一桥大学（位于日本东京都国立市的一所顶尖国立大学，被誉为"亚洲的哈佛"）、英国的LSE（伦敦政治经济学院）等，现在我们还更多地关注哈佛、耶鲁、牛津、剑桥、斯坦福等这些综合性的世界名校。

记者访谈 ●●●

要赶超世界一流大学中国高等教育必须"加速度"前进

《教育在线》： 高水平大学是不是一定要规模很大？

王广谦： 这十几年是中国高等教育高速发展的时期，无论是学科、专业的设置，还是学生的规模，发展都很快。中财也是如此，现在我们的学生规模为1.6万多人，在这个过程中我们不断优化师资，同时加快国际化水平，现在学校60%以上的教师都有出国学习的经历。但是大学还是有自己的规律的，不是人数越多越好，我觉得，两万人左右的学生是大学比较合适的规模。当然，中国是人口大国，规模可以大一些，关键是看大学的管理能力。

《教育在线》： 您如何看待一流大学建设？

王广谦： 其实"双一流"的目标早就提了，只不过现在更加迫切，真正干这个事儿，还是要围绕大学四大功能——人才培养、科学研究、社会服务、文化传承，还是要围绕老师、学生扎扎实实做功课。

随着中国地位的提升，我们的目标是成为在国际上有重要影响力的特色名校。名校并不是一定排名第一、第二，在世界范围内，排名第一当然好，第二也不简单，能够排在前列，有特点、有影响就应该是名校。有这么一批学校，高等教育就发展起来了。当然，随着中国更加强大，在国内是名校，在全球范围内自然而然也就是名校了。

《教育在线》： 刚才您提到国际化，在这些年发展中，中国高等教育的国际地位有何变化？

王广谦： 中国的经济发展得益于改革开放，就像一个池塘，大家各自筑坝养鱼，人家那边水位高，你在坝上开个口子，这边水就多了，鱼也肥了。所以，怎么评价改革开放的好处都不为过，中国高等教育也是如此。我们刚开始学苏联，后来学欧美，以前他们是老师，我们是学生。现在不是了，过去我们的研究在人家看来都是小儿科，是常识，现在我们研究的尖端课题，往往也是全球的尖端。

《教育在线》： 比方说……

255

王广谦：拿我们经济学来说，比如价格问题，价格高了利于生产，不利于消费；价格低了，刺激消费，不利于生产，但价格的决定主要是靠市场供求形成。像这种基本的经济学常识，在我们当时的计划经济体制下，是没法应用的。但当时在我们这里，这就是一个尖端，就是前沿，而在人家那儿却是常识。

《教育在线》：现在我们可以在一个平等的台面上研讨这些问题了。

王广谦：现在我们谈前沿，就是国际的前沿，包括科学技术。虽然认识上差距小了，但我们总体的发达程度还差得远呢，我们是世界第二大经济体，但我们是人口大国，一平均就不行了。社会进步不是一蹴而就，从理论认识到现实是需要时间的。就像马拉松，人家已经跑20公里了，你才起步。因此，必须加速度前进。

高等教育也是如此，要把人才培养成发达国家水平，需要多少代人的努力，不能急于求成，要按照规律前进。

《教育在线》：作为校长，您感觉跟国外知名高校的差距有何变化？

王广谦：确实感觉差距小了，非常明显。我刚当校长那会儿，人家来访，或者是我访人家，得做好几天功课，确实是以学生的心态来对待。过去我们希望人家帮一点是一点。现在感觉比较平等了，交往中也能感到学校之间的差距在缩小，这样更有利于找到双方互赢的项目，而不是一味地引进和求助。从求助到平等，这是一个巨大的变化，现在我们可以共同探讨一些共性的话题，也可以给人家传授一点经验了。究其原因，很重要的是我们国家强大了，国际地位上升了。

大学还是看未来

《教育在线》：在担任校长的十几年中，您觉得您对中财最大的贡献是什么？

王广谦：其实，学校的发展依靠的是集体决策和全体师生及毕业校友的共同努力，作为个人来说，只是其中的一分子。中财的校风很好，在一些关键问题上，大家心往一处想，经过沟通、协商，相对容易形成共识，并没有出现针锋相对的矛盾，所以在发展方向上，我们没有走弯路。

如果说学校最大的变化，除了学科扩展、规模增长、国际化提升等，应该是沙河新校区的初步建成。我们现在这个校区（学院南路校区）只有10万多平方米，办万人以上大学，捉襟见肘。后来我们抓住机遇，多方面筹集资金，启动了沙河校区的建设。沙河校区占地面积约79万平方米，规划建筑面积50万平方米，建成面积已经过半，条件较好，环境优美，中间经历了很多困难，但都很平稳地走过来了，应该说，中间的环节抓得比较好。

当然，我们现在离"双一流"目标还有一段距离，这也是我们发展的动力。我们会在新一轮"双一流"建设中更加努力，遵循教育规律，集中精力，创新发展。大学的发展是一个持续不断的过程，如果说像跑接力赛，高水平大学也是一段一段积淀的过程。在发展中还要注重大学文化和品格的形成，就像人的成长一样，包括他的性格、脾气，需要不断提升修养。

《教育在线》：现在出现一种情况，大学会跟着市场需求不断调整专业和人才培养目标，您怎么看？

王广谦：产业结构调整是经常的、不断的过程，今年需要什么就扩招，明年需要什么又扩招，不符合市场规律和教育规律。从现实来看，本科人才培养4年或者5年一个周期，但是实际上，办学者至少要考虑10年以上。看未来比看现在更重要，特别是人才培养这个过程，大学还得看未来。

市场经济规律主要是分散决策，充分竞争，教育规律也是一样的，大家都在做不同的判断，你判断这个行业未来前景良好，他判断那个行业发展有潜力，在竞争中求发展，所以大学还是要置身于市场竞争当中，这就是大学自主权，要给大学充足的自主权去判断。

《教育在线》：现在有这种自主权吗？

王广谦：总体而言，教育部直属高校的自主权相对比较大，地方高校要弱一些。但是从未来发展趋势来看，应该会越来越大。最近两年，教育部核准了一批高校的大学章程，这就要求国家主管部门主导宏观调控、评估、政策，大学按照章程运行，不能盲目办学、一个领导一个思路。每个大学都有自主权，对未来的发展都有自己的判断，都有自己的核心竞争力，高等教育发展就会出现多样化，各大学的特色也会更加明显。

附录

未来

——为中央财经大学而作

1=♭B 4/4

王广谦词
戚建波曲

♩=85　充满热情、希望、朝气

(女)：
未来 是 什么　问问 你 和 我　未来 是 心中 的 梦　未来 是 天边 的 虹
未来 是 什么　问问 你 和 我　未来 是 脚下 的 路　未来 是 远方 的 灯

(男)：
未来 是 什么　问问 你 和 我　未来 是 民富 国强　未来 是 水绿
未来 是 什么　问问 你 和 我　未来 是 知识 无限　未来 是 创造

1. 草 盈　　2. 无 穷

(合)：
未来 是 你　未来 是 我　未来 是 责任　未来 是 担当
未来 是 你　未来 是 我　未来 是 奉献　未来 是 栋

梁　　D.C 梁　　D.S 梁

是　栋　梁

栋　梁